陈春花管理经典丛书阅读地图

❶ 理解管理的必修课

· **《经营的本质》**

理解经营的本质，让企业无论在顺境还是逆境中都能获得盈利和增长。

· **《管理的常识：让管理发挥绩效的 8 个基本概念》**

走上管理岗位的第一课，写给所有下决心不在工作中折磨自己和下属的人。

· **《回归营销基本层面》**

营销不能模仿和跟风，你需要回归营销的基本层面，面对市场，选择合适的时间、合适的点做合适的事情。

· **《激活个体：互联网时代的组织管理新范式》**

个体崛起的时代，管理需要激活个人价值，这是当下企业保持活力的根本。

· **《中国管理问题 10 大解析》**

作者甄选了对中国企业最重要的 10 个问题，结合经过验证的西方经典管理理论，从中国管理的实践出发，用全新的理解表达。

❷ 向卓越企业学习

· **《领先之道》**

陈春花教授里程碑式作品，诺贝尔经济学奖得主迈克尔·斯宾塞倾力推荐。中国本土的《基业长青》。第一部不以西方管理模式为参考，专注于研究中国自身理论，正面展示中国极具代表性的企业从起步到领先的商业成功精髓。

· **《高成长企业组织与文化创新》**

成功虽不可复制，但高速成长的企业背后都有其共性的核心要素：组织和文化构筑的内部能力。

· **《中国领先企业管理思想研究》**

本书探讨了领先企业的本土管理思想基因、共性价值观，帮助中国企业扎根本土，迈向卓越。

❸ 构筑增长的基础

· **《成为价值型企业》**

持续增长是企业面临的永恒话题，不管业绩如何，你都可以将企业打造成价值型企业，获得持续增长的动力。

· **《争夺价值链》**

未来的竞争，不再是企业个体的单打独斗，而应联合上下游的合作伙伴，构筑一条资源共享的价值链，形成合力打天下。

· **《超越竞争：微利时代的经营模式》**

过度关注竞争对手是很大的误区，竞争的目的是远离竞争、超越竞争。

· **《冬天的作为：企业如何逆境增长》**

危机和增长是一对孪生兄弟，危机让市场富有变化，而变化正是增长的机遇。

· **《激活组织：从个体价值到集合智慧》**

英雄辈出的时代，组织平台需要激活，它将聚合个体智慧，创造更大的集体价值，以应对变化，能留住人才。

- **《协同：数字化时代组织效率的本质》**

  企业是一个整体，协同才能共生、共赢。内破“部门墙”，外拓“企业边界”，协同组织内外，以系统效率共创价值。

❹ 文化夯实根基

- **《从理念到行为习惯：企业文化管理》**

  打造企业文化之前，先要理解什么是真正的企业文化，其一切努力就是将理念转化成行为。企业真正的存在并非财资的积累，而是拥有一支具有自觉行为习惯的员工队伍。

- **《企业文化塑造》**

  一本企业文化修炼指南，从这些基本理论入手，构建属于自己的企业文化，或者进行一场实实在在的文化变革，使企业永葆竞争力。

❺ 底层逻辑

- **《我读管理经典》**

  一部百年管理经典的导读，梳理了管理的根基和成长脉络，是学习管理经典的罗盘。

- **《经济发展与价值选择》**

  本书既是一项哲学问题的研究，也是一场与作者的心灵对话，将帮助你走出价值困惑，积极探寻人生的价值。

❻ 企业转型与变革

- **《改变是组织最大的资产：新希望六和转型实务》**

  转型是企业保持生命力的必然选择，既要保持公司现有业务竞争力，又要为长远发展奠定基础，这种改变将成为一个组织很大的资产。

- **《共识：与经理人的九封交流信》**

  唯有上下同欲，才会取得转型的效果，因此必须找到达成共识的方式，让上上下下的同事可以完全、清晰以及无误地倾听到公司的声音。

陈春花管理经典 **珍藏版**

激活个体

互联时代的组织管理新范式

Inspire the Individual

陈春花◎著

机械工业出版社
China Machine Press

图书在版编目（CIP）数据

激活个体：互联时代的组织管理新范式（珍藏版）/ 陈春花著．—北京：机械工业出版社，2016.9（2022.6 重印）
（陈春花管理经典）

ISBN 978-7-111-54570-5

I. 激…　II. 陈…　III. 组织管理学－研究　IV. C936

中国版本图书馆 CIP 数据核字（2016）第 192571 号

激活个体：互联时代的组织管理新范式（珍藏版）

出版发行：机械工业出版社（北京市西城区百万庄大街 22 号　邮政编码：100037）
责任编辑：程　琨　　责任校对：殷　虹
印　　刷：保定市中画美凯印刷有限公司　　版　　次：2022 年 6 月第 1 版第 19 次印刷
开　　本：170mm × 242mm　1/16　　印　　张：14
书　　号：ISBN 978-7-111-54570-5　　定　　价：49.00 元

凡购本书，如有缺页、倒页、脱页，由本社发行部调换
客服热线：（010）68995261　88361066　　投稿热线：（010）88379007
购书热线：（010）68326294　88379649　68995259　　读者信箱：hzjg@hzbook.com

CONTENTS

目　录

FREFACE

总 序

比使命更重要的是行动

最近，管理学一级期刊 *Academy of Management Journal*（AMJ）的许多编辑发表了一篇号召研究学者提出更多适合东方情境的管理理论及构念的文章。这篇文章回顾了近几十年发表的管理学文章在理论创新及贡献上的不足以及对西方理论过度偏重的情况，分析了东方与西方社会在管理情境上的一些不同之处，呼吁更多产生于东方式独特管理情境、能够解决社会实际突出问题的创新性理论及构念。

自己在管理学研究领域已经走过了 20 多年，其实 AMJ 编辑关注的话题，也是我一直关注的话题，我总是感觉中国管理研究没有如中国企业实践那样做出自己应有的贡献，中国管理研究学者也没有如中国企业家那样勇于拿出自己的观点以及创造出自己的价值。

在我自己的认知里，管理研究贡献价值需要三个条件：一是企业实践的优秀案例；二是对重大规律性问题的认识；三是人文关怀。这三个条件在过去 30 多年中国改革开放的实践中，已经显现出来，或者可以说中国管理研究贡献价值的基本条件已经具备，但是为什么中国管理研究本身却没有同步创造价值呢？有人认为是语境的问题，有人认为是研究范式的问题，这些也许是问题，但是我觉得其核心问题是中国管理领域“知”与“行”脱节的问题。

最有意思的现象是，管理学者研究的话题只是去满足西方管理期刊的要求，并不理会现实的中国企业所面对的困难与挑战。企业家与经理人回到商学院读书，更重要的目的是结识人际网络与构建新的商业机会，甚至一些成功的企业家在公众传播中直接表明观点，认为经济学家、商学院教授没有用。我不想去评价谁对谁错，客观存在的现实是，管理学者的研究与企业家的实践之间有着一个巨大的鸿沟，管理学研究成果企业家并不去在意，企业家青睐的期刊和书籍，管理学者也不屑一顾，这种现象本身就可以说明问题。

德鲁克精辟地阐述了管理的本质：“管理是一种实践，其本质不在于知，而在于行；其验证不在于逻辑，而在于成果；其唯一的权威性就是成就。”管理经典正是源自于对管理实践的关注与洞察，并通过与实践的互动来引领实践，此即管理经典的实践性。基于这一特征，这些经典的研究成果在两个关键方面为我们的管理实践和管理研究贡献了价值：问题的框定与复杂问题的简单化。我们始终可以受益于那些引领管理实践变化并创造出无数价值的经典研究成果：泰勒的科学管理原理解决了劳动效率最大化的问题，韦伯的行政组织与法约尔的管理原则解决了组织效率最大化的问题，赫茨伯格的双因素理论解决了激励与满足感之间的关系问题，波特的竞争战略解决了如何获得企业竞争优势的问题，德鲁克让我们了解到知识员工的问题。这些经久的研究，正是基于对管理实践中重大问题的提炼，与西方企业有效的互动，带动了西方管理实践的高速发展，并引领了世界管理的方向。

如果我们所有人可以回到最基本的问题上思考，可能所有的问题都变得很简单。从这个意义上讲，在近百年的管理实践中，不管外界环境如何变迁，科学技术生产力如何发展，管理大师在那些经典研究成果中所提出来的管理问题依然存在，他们所总结的管理经验依然有益，他们所研究的管理逻辑依然普遍，他们所创造的管理方法依然有效。这一切首先基于这些研究都是面向管理实践的，其实践性的本质决定了这些研究对管理实践活动的深刻洞察和归纳提炼，从而推动实践成效的提升。因此，实践性正是这些经典管理研究成果的价值贡献的首要内涵。

管理一定是来源于实践的，没有管理实践的成效，我们无法真正获得管理经验的总结和理论。因此，中国管理学领域的学者需要从事更多的启蒙工作、学习的工作，把西方的管理理论传送到中国企业的管理实践。

无论是管理实践还是管理研究，很多人非常努力地在尝试着新的管理理论。20 世纪 40 年代，人际关系训练被看作是组织成功的关键；50 年代，德鲁克提出的目标管理理论又被视为解决管理问题的新方法；进入 70 年代，我们看到了企业战略；90 年代，随着电子信息技术的进步，更多的新方法层出不穷。当进入 21 世纪的时候，我们认为管理创新理论引领变化。其实这些都是非常重要的，因为对于中国企业来讲，所有的管理理论和方法都是需要面对和接受的。但是，我们往往无奈地发现中国企业活得很苦，因为付出非常多却没能得到相应的回报。这其中的根本问题就是管理的基本到底是什么？我们的管理发挥了什么作用？当我们对管理的基本理解不够的时候，后面所有的东西都是没有价值的。

管理的目的是为了提升效率，这是德鲁克和我们的共识。也就是说，管理从根本意义上是解决效率的问题。那么，我们的效率从哪里来？管理的逻辑如何？这是我们今天遇到的问题。从管理演变的历史来看，管理演变的第一个阶段是科学管理阶段，代表人物是泰勒，这个阶段所解决的问题就是如何使劳动效率最大化；管理演变的第二个阶段是行政组织管理阶段，代表人物是韦伯和法约尔，这个阶段解决的问题就是如何使组织效率最大化；管理演变的第三个阶段是人力资源管理阶段，包括人际关系理论和人力资源理论，这个阶段解决的问题就是如何使个人效率最大化。因此，如果对管理所谈的效率做细致的划分，就是劳动效率、组织效率和个人效率。先解决劳动效率，然后解决组织效率和个人效率，当顺序颠倒时我们会发现管理无效。因为个人效率需要支付条件，而支付条件是需要组织给出的，如果没有劳动生产力的产出就不可能有组织效率，没有组织效率就不可能有个人效率。

选择泰勒、法约尔、福列特的经典研究成果，是因为我们对管理理论研究的一个认识：管理理论研究的命题来源于对重大实践问题的认识。泰勒正是认识到提高工人劳动生产率是极其重大的问题，才有了以分工理论为核心的科学管理理论。法约尔正是关注到组织效率的问题，才有了一般管理的 5 个要素和 14 条原则。福列特则是前瞻性地关注到了科学管理中被忽视的人性因素的相关问题，通过在企业管理咨询的实践中对现实进行细致的观察和研究，从而在发挥个人效率的问题上为我们提供了启示。回顾这些管理经典时我们发现，管理大师回答了对管理的最基本理解：效率。正是这样的理论研究，推动了西方近现代的高速发展。

做了一个管理理论演变的梳理和回顾，只是想说明“知”与“行”之间是完全合一的，如果无法做到这一点，只能是知与行未做到位。只能说管理学者对实践的问题并未观察到位，只能说明立志于从事管理研究的学生与学者，没有要求自己成为一个时代问题的密切观察者，没有让自己融入社会实践中，没有走到企业中去，没有亲身经历一些组织的变革与挑战，所以无法发现问题、无法贡献有价值的研究。

中国传统哲学，一直在讨论“无为”与“有为”的问题，古人有言“天下同归而殊途，一致而百虑”，老子说“无为而治”，《金刚经》说“圣贤皆以无为法而有差别”。你会发现，哪怕是谈论“无为”，也是为了“有为”。

儒家的思想是把欲望控制在一定范围之内，孔子因此删诗书、定礼乐。在孔子生活的时代，各诸侯国之间不断打仗，根本没有一个安定的环境，但是对于文化而言，如果没有安定的社会基础是很难保存的。因此，孔子为了保存宝贵的文化遗产，删诗书、定礼乐，教书授徒。

孔子有七十二贤人，三千弟子，这些弟子后来都成了文化的主将，为中华文化的发展做出了巨大的贡献。孔子删诗书、定礼乐，就能保存文化了吗？我想是的，因为诗书礼乐是文化的形式，如果没有一定的形式，任何一个事物也难以保存。汉代班固《汉书·艺文志》上说“六艺之文，乐以和神，仁之表也;诗以正言，义之用也;礼以明体，明者著见，故无训也。书以广听，知之术也;春秋以断事，信之符也”。因此，孔子在战事纷纷的年代要保存一些规范，从而达到延续文化的目的。

但是，规范只是形式而已，它不是文化的精义所在，重要的是在于对规范目的的体认。倘若没有体认到规范的目的，规范则会变成累赘和负担，且会限制人们。可以说，对目的的体认要通过规范，但不能限于规范。这也是孔子的目的所在。因此，孔子提出“仁义礼智信”“温良恭俭让”“忠孝仁义”，这些都是规范，也可以说是教条。

孔子并不像宋儒以及后世所刻画的那样死板，他的生活是充满欢乐和幽默的。这一点，如果贯通起来看，而不是读格言似的，读一下《论语》就能体会得到。孔子说“吾道一以贯之”，这个“一”就是他的目的。倘若明白了它，则会觉得规范不是呆板的，而是活动的，又是“不逾矩”的，所谓“自然而然”地合于“道”。可惜，后世往往把规范看得最高，也看成是最终的。这让我联想到一些研究论文，几乎都是符合规范却没有意义和价值。

因此，把对规范“度”的把握放在第二位，正是孔子所说的“智者过之，愚者不及”而“过犹不及”的错误，把“仁义道德”变成了一种枷锁，导致了人们的唾弃，以致出现了“五四”时期对传统文化的冲击。这个错误不在孔子，而应在于后世对孔子思想的曲解。我觉得，很有必要重新审视一下传统文化，挖掘出传统文化的精义所在。从某种意义上来说，把欲望控制在一定范围内，也即规范的存在是非常重要的，只是我们要怎样理解的问题。

道家讲“清静无为”，不理会欲望。为什么？因为人总在追求之中，倘若因此而不断奔波，则永不能“清静”，因此，道家要求人们“虚无”，把欲望淡漠，不去管它，从而达到“清静无染”。应该说，这也是儒家的目的。但是，倘若青年之初就讲“清静无为”，很容易导致散乱，一切都不在乎。真正的道家是“无为而无不为”的，这个“无为”不是什么事都不干，而是能认清时代的潮流，从而能“无不为”。因此，道家的目的是好的，但必须从扎实的规范做起。

佛家要求认清欲望的面目，从而“止于所当止，发于所当发”，也就是不但对规范要认清，对它的目的也要认清，从而能够正确、合理地处理一些事情。但是，倘若认不清呢？只有从规范做起。

因此，可以说规范是初步的必经之路，故而圣人都提出所谓的“戒律”。只是我们不能体会到戒律的目的而执着于戒律了，或对它认识不够而废弃了戒律，从而导致了一些弊病。

正如班固所说“及刻者为之，则无教化，去仁爱，专任刑法而欲以致治，至于残害至亲，伤恩薄厚”，西方社会就有这种倾向。因此，“度”的把握非常重要。最好是能够知道什么时候该怎么办，但这很难。正如释家所说，“因人施教”，首先要自己眼光正确，能指出别人或社会的弊端，并能提出解决的办法。

在治世方面，儒、道两家的思想比较突出。儒家是“一以贯之”，也就是一种“傲骨”。不论在什么情况下，社会安定也好，混乱也好，总希望尽自己的心力拯救社会，“救世济人”，所以国破家亡时往往有儒家的忠臣出现。孔子就是“知其不可为而为之”的例子，这是儒家的观点。道家的思想则主要在乱世时方能显示，我们看历史也会发现，每当社会安定了，儒家思想必定被重新召起，因为这是社会安定治理的必由之路，而到了乱世，道家思想则占上风。道家思想善于把握关键，能把时代的洪流疏导，在洪流的下游挖一些渠道，从而能比较容易地处治它，事半功倍，“无为而无不为”，这是一种好办法。但这洪流冲击力的大小，我们怎样判断呢？也就是我们怎样决断我们用什么方法呢？这不仅需要多读历史书，因历史有重演的味道，孔子也说“温故而知新”，还要善于观察社会，从而达到“因人施教”，事半功倍。

知行合一不仅是一种理想，更应该是一种行动习惯，无论是我们的先贤，还是近现代西方管理大师，他们的贡献可以引领我们去完成属于我们的时代使命，而比使命更重要的是行动。

西方发达国家的实践所总结出的管理理论，启蒙了包括我在内的中国企业经营者与管理研究学者，我们花了整整 20 年引进、学习与消化，同时运用到中国企业管理实践中。正是这 20 年学习的努力，终于在今天，中国领先企业站到了世界舞台上，并逐步成为全球领先者，伴随而来的，就是中国管理研究领域，也会有机会站在世界舞台上，并成为引领者。

“每一代人都需要新的革命。”托马斯·杰斐逊留下了这样的遗嘱，它令一代又一代不同国籍与文化背景的人激动。对于我而言，正是这个时代，赋予一个中国企业蓬勃发展的机遇，整整一代中国企业家与中国企业的崛起与发展，让全世界各地的人看到一个生机勃勃、日益强大的中国。当我可以置身于这鲜活之中，中国企业以及企业家所尝试、探索、学习以及创新的实践，充盈了每个研究的话题，预示着可能出现的崭新理论，投身其中，让我有着取之不尽的源泉。所以从我踏入管理学研究领域那一天开始，整整 20 年的见证，让我能够一次又一次地去寻找属于中国领先企业的研究价值，才有了这些作品呈现给大家。

感谢机械工业出版社及华章分社，感谢前总经理周中华、副总经理王磊、前副总经理张渝涓女士 10 年来的一贯支持；感谢我的策划编辑袁璐先生细致而又全面的帮助，在我写作过程中经常与我讨论和交流；感谢程琨编辑极为仔细、认真地为丛书的每本书校对；感谢在过去 20 多年的时间里，愿意与我一起深入研究的那些领先的中国企业、企业家及团队成员，如新希望、美的、TCL、华为、广东威创、创维、南方航空、星光集团等，他们的成长时间以及持续的发展，让我得以在实践的第一线真切理解和感受；感谢一直陪伴着我的研究伙伴，如曹洲涛、乐国林、赵海然、刘祯、宋一晓、马胜辉、陈鸿志等；感谢引领我的两位导师苏东水教授、赵曙明教授，正是你们的引领与陪伴，我才可以坚持做下去；感谢我所遇到的所有学生，你们的实践、疑惑以及勇气给了我驱动力量；感谢华南理工大学、新加坡国立大学、北京大学三所大学给了我滋养的支持；最后感谢我的家人，他们一直默默地支持，才会让我毫无顾虑地去做各种尝试。

感恩在我从教30周年的日子里，机械工业出版社及华章分社帮助我整理和出版了这套丛书，虽然这不是我过去30年所研究和写作的全部，但是已经是我渴望付出价值的最重要的部分。当这套丛书出版后，我知道，自己依然会伴随着中国企业的成长，继续我的成长与追求。

在这代人的记忆中，这个时代意味着一个单纯与乐观的年代，也是一个创新与超越的时代，新事物蜂拥而来，任何尝试都可能获得某种成功。商业和企业的成长对中国的重要意义并非在于它摧毁了一个旧传统，而在于它在建立一个新世界；实践与理论的贡献对中国的重要意义不仅仅是总结出自己的理论，更是管理提升与人类进步的新组成部分。如果说由荆棘丛生的荒原构成的中国商业世界，更需要雄心勃勃的梦想者与开拓者，那么已经站在世界舞台上的中国企业实践，更需要肩负使命的行动者与创造者。

陈春花

2016年8月9日于北京

据说中国有句古语叫『金无足赤，人无完人』，但是，如果谁真的想打起灯笼来到市面上寻找完人，最终令他感到的可能不是一种失望，而是一种意外：完人其实就是那些终日为『善』而奔波，而又在不知不觉中实现了『美』的『真』实不虚的普通人。追求完美是正常而有缺憾的人性。

——尼采

导论

核心：共享时代到来

在我整个工作的过程中，一直对组织如何创造价值感到兴奋。我所兴奋的，并不是组织本身，而是在其中的每一个人，那些能够让普通的人成就不平凡价值的组织，总是能够让我钦佩和欢喜。当我今天需要具体承担一个角色，可以为组织打造价值平台的时候，也让我感受到从未有过的快乐，因为这可以让更多的人有机会，发挥出他们本就隐含的天赋才能和经过艰苦卓绝的奋斗后所拥有的才华。

互联网技术的出现，让这一切变得更加容易和不可思议，有时站在年轻的同事之中，他们表现出来的跃跃欲试的欲望，以及无边界的创新能力，让我惊叹。同时，我也深深地感受到，如果还是以过去 100 多年的管理理论与知识，来对待今天的成员，可能会有些问题。让我们来看看，到底什么发生了改变。

雇员社会将要消失

100 多年以来，所有发达国家都逐步进入以雇员为主的社会。这种体系带来的最大好处，就是稳定的结构、有效的分工，伴随着流水线的大工业生产带来的高效率和低成本，让早期的工业社会创造力大幅度提升起来，并创造了巨大的财富。在这个时期，组织更关注的是上下级关系、结构稳定性以及个体对组织目标实现的贡献，更关注服从、约束以及标准的制定。所以，产业工人和职业经理人，成为最为耀眼的角色。

正如德鲁克先生曾经描绘的那样："20 世纪 50 年代，在大型组织中工作的雇员成为每一个发达国家的主要风景线，如在工厂工作的蓝领工人和管理者；在庞大的政府机构中任职的公务员；在迅猛发展的医院工作的护士，以及在发展得更快的大学中教书的教师……那时大多数人都认为，到 1990 年几乎所有参加工作的人都会是组织的雇员，可能还是大型组织的雇员。"㊀

但是，这种情况的确在发生着不可思议的变化，而且变化随着技术的深入越来越剧烈，也越来越让人惊讶。我 2015 年第一次有一位"90 后"硕士毕业生，这个学生非常优秀，他是直接从本科由工科学生保送到管理学读硕士研究生的。在他之前，我所有的硕士毕业生，都会很在意毕业单位的选择，也都会在毕业论文答辩之前把将要去工作的地方确定下来，但是这位"90 后"学生并不是这样去选择。他很好地完成了毕业论文，但是他并不急于把自己定位在哪个企业或者机构里，他告诉我说，他还要多看看。一开始我还担心他，后来发现需要担心的是我自己。为什么？因为这该是一种趋势和常态，人们不会再轻易地把自己固化在一个组织里，或者一种角色里；会有越来越多的人，期待自由、自主和非雇用关系。

2015 年我的公司招收接近 800 名新入职的员工，他们此时就在青岛基地培训，我花很多心思来设计这个新员工入职的环节，甚至告诉人力资源的同事，要在新员工入职的时候，和他们谈一场轰轰烈烈的恋爱，恋爱的程度越深，他们理解和爱上公司的概率越大。但是回想起 10 年前，或者更早之前，像新希望这样的公司，是不需要花费这样的脑筋的，很多年

㊀ 彼得·德鲁克．巨变时代的管理 [M]. 朱雁斌，译．北京：机械工业出版社，2006.

轻人渴望走向社会，走向岗位角色，走向一个好的组织，以让自身能力得以充分发挥。但是今天，组织与成员之间关系变得非常微妙，个体本身的能力已经超出组织界线。

在我安排公司战略转型，需要全新能力建设的时候，知道必须借助于外力，以及要有拥有新能力的人加盟，才可以实现转型的目标。但是我知道，拥有新能力的人，如果进入现有的组织体系中，会被淹没。同时，我也理解这些具有新能力的人，更希望是自主与自由的。如果用传统的逻辑来讲，他们不会是公司的人力资源，而是人力资本。理解到这一点，对于这些具备新能力的人，我都未采用原有的雇用合同，而是采用一种灵活的合约，用共同的目标和价值追求来约定彼此的关系，充分信任他们的能力和将要创造的价值，给予足够的空间与自由。当我采用了这样的方式处理时，这些具有新能力的同事，一一走进公司并发挥了巨大的作用。

事实上，大约 40 年前就出现的组织管理外包，可以说是一种打破雇用关系的方式。很多时候，人们简单地理解管理外包，认为是一个价值链的价值重组，是为了效率和成本的考量。但是如果仔细分析，外包的核心是组织的部分环节从雇用关系，改为合作关系，这是一个非常值得注意的价值，因为对于外包环节的成员而言，对于发包的组织来说，很难用“忠诚度”去界定，更多的视角是合作及契约精神。

人们之所以不再愿意陷入一种雇用关系中，一方面是源于技术带来的更多机会和挑战，另一方面是因为雇用关系本身会伤害到人们创造能力的发挥。尤其是大型组织以及历史悠久的组织，雇用关系导致人们之间的角色固化、层级固化，从而滋生出一个固化的官僚机构；也可能滋生信息的僵化与功能的僵化；特别是下级必须服从上级的心理契约，使得人们无法真正发挥自己的创造性，导致真正有创造力的人，会因为雇员的身份和组织约束，根本无法做出价值创造。

我还很清楚地记得德鲁克先生对于“知识工作者”与“雇员”之间定义的区别，他说：“在知识社会里，雇员，即知识工作者，还拥有生产工具。这同样重要，而且可能更重要。马克思认识到工厂的工人不拥有，而且也无法拥有生产工具，因此不得不‘处于孤立的地位’。这的确是马克思的远见卓识……现在，真正的投资体现在知识工作者的知识上。没有知识，无论机器有多么先进、多么复杂，也不会具有生产力。”㊀

德鲁克先生的这段话，可以让我们很好地理解今天的从业人员，现在绝大多成员都是知识工作者，他们拥有知识并因此拥有了自己的相对自主能力。相反，组织如果仅仅拥有资产，不能够为成员提供其运用知识和发挥知识的机会，这个组织也就丧失了自己的价值。

今天绝大部分人都在一种雇用组织中，所以很多人都可感受到传统组织对于创造力的抑制。很多时候，管理者为了维护流程和自己管理的权威性，会让流程复杂，信息不透明。层级结构模式中，信息由基层员工一层一层向上流动直到决策层。我有时心里也很忐忑，因为自己就在这个高层的决策层里，但是也一样是从内部流动的信息中进行判断，倘若这些信息不准确，甚至可以确定是不准确的，决策的偏差就一定会存在。决策后的信息又是按照这个层级，由上往下传递，传递过程中又难免有信息遗失，这样导致的结果，大家可以想象。

因此在这样的组织里，只有那些谨守流程，不做任何创新，不犯错误的人可以存活下来。但是这样的人多了，待久了，公司的创造力和价值创造也就丧失了。而那些有很多想法，不墨守成规，想打破禁锢的人，也就无法生存下去，要么离开，要么抹掉自己的个性。

㊀ 彼得·德鲁克．巨变时代的管理[M]. 朱雁斌，译．北京：机械工业出版社，2006.

所以在雇用社会里，大多数人都是在组织中工作或者为组织工作，每个人要发挥作用取决于是否能够与组织接触并被组织认可。每个人的生计也是要与组织接触，并获得组织的肯定从而获得收益。因此，导致组织中"管理者"有了非常特殊的角色和权力，而"雇员"则失去了他自己本该有的自主与自由。雇员越来越多地依赖组织，因此要求个体必须了解组织的需求，并为此做出贡献。我在写《管理的常识》一书时，也是因为对于管理者这一点的担心，一再强调，管理者决定下属的绩效，一再要求管理者理解并尊重人，一再阐述管理者如何真正理解绩效。这些常识性的理解，就是源于传统管理理论和组织管理的局限性。

随着个体对于知识和信息的把握，以及个体能力借助于技术发挥得更加强大的时候，这种雇用型的管理习惯，是无法胜任并伤害到个性的。同时，这也需要代表组织的管理者，**了解到一个根本性的改变，组织必须要了解雇员的需求，了解雇员的希望。这个改变，对于管理者提出了挑战。成员不再依赖于组织，而是依赖于自己的知识与能力；成员与组织之间的关系，也不再是层级关系，而是合作关系，甚至是平等的网络关系。**这些改变，意味着雇用关系已经开始解除，人们之所以还在一个组织中，是因为组织拥有资源与平台，倘若资源与平台进一步社会化、网络化，个体的自主性就会更加地被显现出来，这一刻，已经就在眼前。

个体价值的崛起

我读过一本介绍谷歌的书，书名叫 *How Google Works*，Nick 撰文写道：在该书作者看来，未来组织的关键职能，就是让一群 Smart Creatives 聚在一起，快速地感知客户需求，愉快地、充满创造力地开发产品、提供服务。什么样的人是 Smart Creatives？一句话，Smart Creatives 不要你管，只要你营造氛围。所以传统的管理理念不适用这群人，甚至适得其反。

首先，你不能告诉他们如何思考，只能营造思考的环境。给他们命令不但会压抑他们的天性，也会引起他们的反感，甚至把他们赶走。这群人需要互动、透明、平等。书里反复强调，凡是不受法律或者监管约束的信息，谷歌都倾向于开放所有给员工，包括核心业务和表现。谷歌采用的就是这样一种模式，员工自然将慕名而来，这也让谷歌保持了非常好的创造力和领先的行业地位。

2015 年 7 月 12 日，在公司年中总经理工作会议上，我和同事们分享了对于三星和 IBM 两家全球领先公司的案例分析。先看三星，人们都知道它做得非常好，可是两年前我曾经在各种场合讲过一句话：三星会在最近几年当中，有可能被淘汰，而且超过它的就是华为。我在说这句话的时候是没有人相信的，被认为是痴人说梦。

2013 年，三星集团的销售额超过 3000 亿美元，三星在研发上持续加大投入，2008 ～ 2013 年，平均研发投入增速为 21%，2013 年研发投入为 160 亿美元。我们看看，一家如此变化的公司，一家曾经非常辉煌、在行业中绝对领先的公司，一家在技术投入、产品上有如此地位的公司，在近两年市场消费者做彻底改变的时候，出现下滑，这种下滑我相信三星也不愿意见到。我想告诉各位，我花 30 年去追踪的这家企业，在这样一个巨大的变化当中，依然在最近两年出现下滑，这种下滑使得公司团队不得不去做一件最重要的事情，那就是改变。大家都很清楚，在 1993 年的时候，李健熙说过一句最重要的话，“除了妻儿一切皆变”。这个观点被我反复引用过。改变一切起始于 1993 年，到了 2014 年，李健熙不得不跟他所有的三星同事说，我们必须再来一次改变，除了妻儿一切皆变。三星的案例告诉我们：**创造未来比预测未来更重要。**

回顾这家公司是想告诉各位，我们今天变的真的是不够，我对很多投资的朋友讲我内心当中想变的样子，其实现在没有达到我的预期。很重要的原因就是我们还有一些根本性的东西没有变成。三星这样一家 3000 亿美元销售额的公司，在这么庞大的研发投入和技术领先当中，它不做变化也是要下滑，也需要做出再次改变的决定。

我长期研究的另外一家公司是IBM，IBM经过100年的变革和调整，已非常强大，而且一直在变。创立于1911年，IBM是为数不多的拥有百年历史的跨国计算技术和IT服务公司，总部位于美国纽约。2014年，IBM的收入为928亿美元，是计算机软硬件行业的长期领跑者，其业务涵盖服务器制造、行业软件服务、咨询、金融等。2014年，IBM是美国年度专利授予最多的企业。公司历史上拥有5位诺贝尔奖获得者、6位图灵奖获得者和300多位院士。1991～2014年，它做的变化非常巨大。IBM提出需要具备为客户整合所有资源（包括自己的产品以及其他公司的产品），并创造性地为客户提供全方位的解决方案的能力，这种变化在整个业务的调整过程中做了很多的努力，此次转型主要集中于四个领域：产业模式、商业模式、计算模式和市场模式。

可是为什么还是下滑？大量企业开始使用云服务，对大型服务器等IT基础设施的需求下降，导致IBM传统服务器业务萎缩。2014年，系统与技术事业部调整后收入减少22亿美元，较前一年下滑17%。在大数据、云计算等领域面临亚马逊、微软、阿里巴巴等先发企业的竞争，收入占公司总营收比例较低，难以支撑公司的业务转型。以我的角度来看，**下滑的根本原因就是行动变化的速度不够。**

虽然所有的理念都是对的，所有对市场的判断都是对的，就像我回归农牧行业，跟大家在一起，一直坚信说我的判断是对的，我们对这个行业的判断是对的，我们提出来的“基地＋终端，向整个食品端转移，由饲料生产向食品供应商转型”，我们所有的提法没有错误，可是没有达到预期的原因跟IBM一样，行动变化的速度不够。在今天来讲，我相信无论谷歌、Facebook，还是那些真正理解这种变化并行动迅速的公司，已经走到了IBM的前端。甚至我认为会有一天，以相同的角度去看市场的华为，也许会超过 IBM。

的确，这就是残酷的现实，如三星，如 IBM，究其根本还是犯了大企业病，整个组织太多层级与官僚，太过于依赖组织本身的核心能力，以及组织拥有的强大经验与技术，忽略了对于个体创造力的激发，以及个体价值的认知。我相信这两家公司，会比我们以更大的力量来调整，它们可能会有能力，在 2016 年让业务重新恢复过来。但是两年的下滑，不能不对我们提出一个警醒。

一次和女儿聊天，她将要开始硕士研究生的阶段，我们一起聊未来的工作和设想，她告诉我，她更倾向于去一家小一点的公司，而不是到一家大公司。我问她为什么，她说，因为小公司可以让你获得更多、更全面的训练机会，但是大公司可能仅仅是一个很窄的角色。当时，我还反对她的想法。

结果看到了福布斯中文网 2015 年 8 月 15 日刊发的一篇文章，作者是 Natalie Robehmed。文章的题目是“为何大学毕业生成批涌向初创公司”文中开篇介绍：“如果问一批近年来毕业的大学生——他们目前在哪里工作的话，有相当一部分人会回答说‘在一家初创公司工作’。‘初创公司’曾经是一个指代小企业的行业术语，但现在却让人联想到一种令人兴奋的具有企业家精神的生活方式——越来越多受过大学教育的年轻人正在选择这种生活方式。”由此看来，我自己也需要调整自己的看法和视角，这就是女儿他们这一代人的选择和价值取向。

在作者的统计中，Y 世代（Generation Y，又称为千禧世代，通常指 20 世纪 80 年代至 2000 年年初期间出生的年轻人）中有 47% 在员工人数少于 100 人的公司工作。

我曾经和一部分年轻人交流过，也认识一些被称为连环创业者的人，这些年轻人特别强调在初创公司工作，或者设立初创公司。最令他们感到愉快的是，没有等级职位划分的层级结构，没有大系统的僵化与内耗，拥有很多让他们自己觉得可以贡献价值的感觉，并可以看到最终的结果。许多人表示，在初创公司里，能够非常迅速地学会涉及范围更广泛的一系列技能，而不是像大型企业那样被固化在一个狭窄的职位通道里。最重要的是，他们都希望自己能够产生影响，并做出贡献，这些影响和贡献能够得到及时反馈。最后这一点，大公司里根本做不到。

这也许是如三星、IBM 这样的大公司，在今天遭遇到下滑挑战的根本原因所在。因为这些公司组织臃肿、层级复杂、条块分割，每一个新进员工，都需要一番艰苦的历练，才有机会展现自己的才华。这一切，让那些具有创新精神的新员工望而却步，但是如果一个企业得不到拥有创新精神的员工，也就是谷歌中的“Smart Creatives”这样的人，企业也就随之丧失了创造力。

管理新范式：创造共享价值

最近，很多管理学界的话题都转向了，100 年的管理理论和理念，是否在互联网技术下过时？很多人似乎认同这个观点，认为 100 年来的管理理论和框架已经过时，刘东畅撰文呼吁《管理学的第一次冬天》来临，文中直接指出“经典管理学的丧钟”敲响。这些讨论和警示是非常重要的，令人欣慰的是，文章的结论也是“管理学的真正春天”会来临。

人们之所以如此关注互联网技术对管理的冲击，是因为的确一些东西改变了，尤其是生活方式发生了根本改变，这也导致了人们行为和价值判断的改变，而管理正是涉及这些的一个领域。另外，全球化带来的资源和环境的改变，一样影响着组织与管理本身。提米欧·帕帕亚尼斯撰文写道：“千年以来，地中海地区都是由帝国统治——马其顿帝国、希腊、罗马帝国、拜占庭帝国以及奥斯曼土耳其帝国都曾是统治者——在帝国统治下，地中海各个小城邦自成一体，拥有高度自治的社会结构、文化和宗教。历史上著名的城市，如君士坦丁堡、亚历山德里亚、塞沙洛尼基和阿勒颇都曾经是大都会，在文明诞生的过程中扮演着重要角色。因此，在21世纪中叶，地中海或许能够重新发现共存的艺术。但这一次，人们将在民主框架中共存。”㊀

坦白讲，**管理今天的确需要提供新的范式，一种基于共享价值为基础的新范式**。在我看来，**新的管理范式是：具有系统思考的领导者，依赖于激发个体内在价值，而不是沿用至今的组织价值，来考虑整体以及个体的行为。这种新的范式中，有关个体价值的创造会成为核心，如何设立并创造共享价值的平台，让组织拥有开放的属性，能为个体营造创新氛围，则成为基本命题。**

我之所以提出这个新的管理范式，是因为如前面所阐述的那样，有三种趋势推动了这种新范式的出现和发展。第一，整个社会环境都需要关注可持续性和创造力，特别是生态资源局限性越来越显现的时候，社会发展的可持续性需要依赖于更多的价值创造，而不是过度消耗资源。第二，技术的发展，让更多的商业模式创新出现，更多的未被满足的需要被发现出来，这些新的机遇与信息，让商业推动和催生了很多新的组织形态，网络社会、虚拟世界的出现就是一个明显的例证。这些新的组织形态的出现，也自然要求管理范式能够匹配。第三，人们价值观的演变。过去100年间，人类的价值观一直是演变的，如果用大的框架分析，最早人类屈从于自然，那时的价值观中，自然是神，不可违背。随着人类自己变得强大，人类开始以自我为中心，自然成为人类取之不尽的资源。到了今天，人类终于理解了人与自然的关系，不再用从属或者主宰的价值观，而是用了生态价值的观念，与自然开始共存。只是需要我们注意的是，未来，价值观

㊀ 乔根·兰德斯.2052：未来四十年的中国与世界[M].秦雪征，等译.上海：译林出版社，2013.

的演变速度会更加剧烈。

也正是这样来理解三种趋势所需要形成的管理新范式，我更加倾向于对于管理本身的强化，而不是淡化或者去管理化。因为个体价值崛起，更需要平台与导引；创新与创造力如何转换成真正的价值更需要加以推动；而价值观演变剧烈更需要明确价值判断。“我”如何成为“我们”，“个体价值”如何成为“整体价值”，是管理新范式必须要解决的命题。

在一个充满动荡和混乱的时代，正是展示有效领导力的时候，这个判断，我相信大家会认同。

那么，管理新范式的关键要素是什么？正是本书全面阐释的内容。第1章，需要理解组织管理四大核心命题，以及四个核心命题在今天的新内涵。第2章，需要我们很好地了解组织环境的根本变化，集中表现在：正在发生的未来，同质化的市场以及自主的个体这三个领域。第3章，全面介绍组织的新属性：平台性、开放性、协同性以及幸福感。第4章，介绍需要建立的组织新能力，包括如何成为变革的领导者，如何计划组织文化，如何找到对的人并与对的人在一起。

在今天的商业世界里，我们需要具有企业家精神的企业，来解决我们必须面对的不确定性以及可持续性。我期待通过这个话题的研究和实践，让我们能够真正理解管理能创造的价值，以及必须面对的改变。

正如我在题记中选用尼采的话那样，在今天，每一个普通的个体，都可能是“完人”，我们需要为此做出改变和努力！

人们采取行动创造这个持久结构，而这个结构又约束人们未来的行动。

——英国社会学家吉登斯

01 第1章 组织管理四大命题

正如《大数据时代》的两位作者在引言中所说："大数据开启了一次重大的时代转型。就像望远镜让我们能够感受宇宙，显微镜让我们能够观测微生物一样，大数据正在改变我们的生活以及理解世界的方式，成为新发明和服务的源泉，而更多的改变正蓄势待发……"[1]在今天，技术和各种行业的融合成为推进组织全局变革的必然因素。

人们对这个时代有各种各样的描述，在我看来，这个时代最令人激动，也最令人担心的是个体能力的崛起。我曾经非常向往埃及的亚历山大图书馆，因为公元前3世纪，托勒密二世为了收集到所有的书籍，准许船只靠岸，交换条件就是把船上的书带来准许抄写，不过人们发现取回来的是抄写本，原书被留在亚历山大。用这种方法，亚历山大图书馆可以代表世界上所有的知识。而今，一个人可以拥有的数据信息，相当于亚历山大图书馆存储的数据总量的320倍。拥有如此信息量的个体，也就拥有了一切可能。

"高度的活力也许并不要求渗透到草根阶层，政府内外的精英人士也许足以催生实现理想的创新效率所必需的活力。然而这种自上而下的方式还没有成功过，而且难度肯定会更大，因为它抛弃了焕发经济活力所需的最重要的资源：两个脑袋比一个脑袋好使，100万个有创造力的头脑肯定强于50万个或者25万个。"埃德蒙·菲尔普斯[2]在《大繁荣》一书中阐述的虽然是对于国家经济发展的评价，但是也可以从中让我们看到，拥有创造力的个体对于社会产生的重大影响。今天个体所具有的一切改变，使得组织面对从未有过的挑战，这是事实，也是问题，因此如何找寻到新时代下的组织管理模式，就是本书要探讨的话题。

“组织如何管理？”日益成为企业管理者面临的主要挑战，特别是传统企业和大企业。最令人紧张的是，我们所做的很多努力都是对的，管理者都理解企业所处的环境变化，都理解互联网时代的特点以及对组织管理的要求，都明白个体在今天所具备的不可想象的能力。但事实上，大部分企业看不到管理的效果，原因到底是什么？

在我看来是有关组织的设计和管理的假设不再符合时代。组织的设计和管理的假设决定了组织的行为，规定了组织能做什么，不能做什么；约束了组织中的个体能做什么，不能做什么；确定了组织认为什么结果才是有效的结果。这些假设也会影响市场、顾客以及合作伙伴的价值观和行为，同样也会影响公司能力的构成，以及优势和劣势的转换。概括地说，这些假设会确定组织管理的核心命题——价值创造、价值评价和价值分配——的价值输出。

如何界定符合时代的组织设计和管理的假设，需要我们先来理解组织行为学的八个核心问题。在我主编的《组织行为学》⊖一书中[3]，围绕着这八大核心问题展开组织行为学的整体介绍，因为对于这八个核心问题的认识，恰恰可以梳理出组织设计与管理的假设。这八个核心问题是：

- 组织是为实现个人生存目标和组织目标而存在的。组织存在的关键是个人对组织的服务，即对组织的目标有所贡献的行为。
- 组织里的人是公平而不是平等的。
- 必须正视组织生存的关键影响因素：①激励体制的有效性相对于组织的外在关系；②激励体制是否有能力确保组织的凝聚力、协作和

⊖ 此书已由机械工业出版社出版。

组织成员对具体指令的服从。

- 集体决策，个人负责。
- 领导的关键是授权。
- 组织结构更要依据责任而不是权力来设定。
- 组织结构的局限性。
- 组织不再是一个“封闭的系统”。

这八个核心问题是从组织行为学的视角来界定的，可以帮助我们深入地理解组织作为一个整体的特征。如果需要更明确地运用到组织管理的实际活动中，我们会发现，组织管理本身需要解决自身的四个命题。

四大命题的界定

在不断学习和研究组织管理命题的过程中，让我受益良多，正如在讲授“组织行为学”中所获得八个核心问题一样，组织管理的命题也是我一直关注和思考的内容。无论是从研究本身，还是不断去观察企业实践，我把组织管理命题归结为以下四个：

（1）组织存在的关键是个人对组织的服务，即对组织目标有所贡献的行为。

（2）我们常常集中精力考虑组织的问题，而忽略了组织中的个体。

（3）必须正视组织生存的关键影响因素。

（4）组织需要具有弹性能力。

很多时候，企业经营者会问我，到底什么是组织管理，怎样才可以提升组织管理的水平，如何才能提升组织管理的能力等，如果要厘清这些问题并得到答案，那就需要从上述的四个命题出发，组织管理就是要解决这四个问题，并确保有关这四个命题的回答能够推动组织实现目标并与时俱进。

个体与组织目标的关系

四大命题之一：组织是为实现个人生存目标和组织目标而存在的。组织存在的关键是个人对组织的服务，即对组织的目标有所贡献的行为。

任何管理者如果要进行组织管理，首先都需要理解组织中的个体特性是什么，其目的是了解个体与组织最真实的关系是什么。在组织行为当中，个人与组织的关系是第一个需要正视的问题，管理者常常被“人本管理”的思想混淆，组织中的成员也常常认为个体是最重要的，因为在他们看来，组织是由人构成的。这些理解似乎没有错误，但事实上却是理解有误，如果要正确理解组织，就要很清楚组织的存在是为了实现目标，而不是为了人。组织能否发挥效用，取决于组织本身能否带动组织成员一致性的行为，大多数的情况下，组织成员有着不同的目的和行为选择，如何让这些不同目的和行为的人集合在一起？其关键要素是什么？就是组织目标。组织因目标而存在，同时也因实现目标而获得组织成员的认同。

而组织得以存在的是否还有其他的关键要素呢？的确还有，另外一个关键要素就是合作。组织基于合作，而合作基于个体生存的需要，组织是由于个人需要实现他自己在生理上无法单独达成的目标而存在的。为了生存下去，这种合作系统就必须在实现组织目标方面是有效果的，而在满足个人动机方面是有效率的。只有组织目标的制定，才能使环境中的其他事物具有意义，组织目标是使所有事物统一起来的原则。这是我们首要需要帮助管理者厘清的概念，如果不能够很好地理解人与组织的关系，就无法理解组织行为的选择，我们也可以把这一点称为组织的属性。

个体与组织的关系

四大命题之二：我们常常集中精力考虑组织的问题，而忽略了组织

中的个体。在一个组织结构中，人与人之间是一个以目标为前提的生存方式，人与人应该承担各自的责任和目标，从而拥有不同的权力和资源，因为这些不同，所以人与人之间的关系公平但非平等。其实这正是所谓一个人在组织中的“身份”，也就是指在现有的情况下这个人具备的各项条件，这些条件由他在组织中的权利、特权、豁免权、责任和义务，换句话说，对他的行为的限制、规定和约束组成，而这些也决定了其他人对他的期望。在一个组织中，当正确地识别某人的身份成为一项任务，所有人又都认真地完成这个任务，当所有人的身份都以不同的称号、头衔、称呼、身份的标志或者外在行为模式而为公众所熟知时，身份就逐渐制度化了。人与人之间在组织中的不同身份会带来不平等，因而，我们需要特别处理好正式组织中身份制度的问题。

让管理者理解个人和组织之间的合作关系是需要特别关注的，如果不能够处理好组织中个体能力的发挥，组织目标也就无法实现。组织管理就是要求我们：在集中精力考虑组织问题的时候，不要忽略了组织中的个体。

组织与环境的关系

四大命题之三：必须正视组织生存的关键影响因素。在全新环境下，面对多元价值取向的员工，以及员工与组织的全新的关系等变化，组织管理如何发挥效用，正是核心命题之三所传递的概念：必须正视组织生存的关键影响因素：①“社会及其结构、市场、客户及技术”[4]；②组织价值观以及组织氛围。

在很大程度上，以上这两点相互依赖。如果一个组织管理的设计通常会集中体现在激励体制设计中，如果一个激励体制不能肯定组织的哪种行为是有效的，那么这种管理就无法确保或者维系组织所需要的凝聚力、合作和服从。相反，一个不能给组织带来凝聚力、服从和合作的组织管理设计也无法有效地指导组织的行动。因此，我们针对每一个组织管理设计所需要问的问题就是：这个组织管理设计能够在协调考虑组织的外部环境的前提下决定组织的行动吗？这个组织管理设计是否能使组织成员服从组织决定，从而使组织能够有效地执行决定呢？这两个根本性的问题，可以使我们很好地判断组织管理效用本身。

在今天的环境中，随着互联技术和大数据的普及，更多的员工成为知识型员工，他们对于自我的认知非常明确，对于生活有着清晰的追求和目标，过去，很多员工愿意更多地工作而不计较个人的需求，很多员工都会认为工作是生活的唯一目的，但是今天这样的情况已经非常少，人们并不会把生活和工作混为一谈，更多的是把工作和生活并列为人生的两大目标，如何处理好工作目标和生活目标之间的矛盾，是管理者需要面对的挑战。

更大的挑战是，人们已经不再局限于一个地区、一个组织来选择，他们会愿意尝试新的行业、新的组织、新的工作，以及新的生活挑战，这些都导致了“员工忠诚度下降”。面对这样的情况，要求管理者理解人们自身的需求特征，同时也要求管理者有能力留住员工，提升组织的凝聚力，获得员工对于组织的认同，这是组织管理的又一个重要挑战。

组织的可持续性

四大命题之四：组织要有弹性能力。组织变革和调整在今天已经是常态，这是基于外部环境的变化以及组织成长的挑战，很多企业在成长和环境变化中所获得的成果让我们可以看出，如果不能够保持组织的弹性，组织会成为发展的瓶颈。企业组织面临着更为严峻的“可持续发展”的困难，这是因为，企业组织追求的“效率和长期适应能力”之间存在着深刻的矛盾。

事实上，企业或其他组织都面临着“追求效率和追求长期适应能力”这两者之间的一个深刻矛盾，可以把它简称为“效率与适应能力”之间的一个组织悖论或二律背反。具体来说，就是一个企业必须提高效率才能适应此时此地的环境，才能生存和发展；而为了得到高效率，企业组织的结构越加趋于严谨和稳定，这时企业的效率最高，但是它的效率越高，对此时此地环境的适应越好，它对未来环境变化的适应能力就越差，它的长期适应能力也就越差。也就是说，此时此地的短期效率和对未来环境的长期适应能力之间有着一个深刻的矛盾。

组织在今天比以往任何一个时期都要面对变化，都要具备弹性能力，进行自我变革，其关键的原因是组织已经无法让自己独立存在，而不需面对变化和混乱的环境，组织不再是一个“封闭的系统”。

四大命题的新内涵

我们的问题是，许多组织已经习惯于在近似稳定均衡状态的环境里运行，可是现在却发现需要处于有限度动荡或者混沌状态中。如果情况真的是组织已经从稳定均衡的状态进入了混沌状态，那么对于组织来说，如何管理就需要用全新的方式进行思考和调整。事实上，大多数人都会承认，组织的环境无论是全球性的，还是竞争性的或者行业保护性的，其实都已经变得越来越复杂，越来越处在不可预料的变化中，我们的确应该寻找全新的模式来展开组织管理的内容，让组织管理可以配得上这个充满挑战与机遇的伟大时代。

微信的出现，身处在企业里的组织成员之间的沟通和信息传递方式也深深遭遇翻天覆地的变化。我们是否想过，从移动互联网应用开始，组织的管理模式就已经深刻的改变了。自从有了手机、笔记本电脑、黑莓、PAD、facetime、微信等硬件与软件混合起来产生的无穷应用，中层管理者们似乎处于一种随时处置公司事务的状态，而这就是**移动互联对组织的改变——当一种通信手段变得越来越普及和为人熟悉时，实时的协调也将**

越来越多地取代事先的安排，而群体的反应也将越发难以预计。

于是我们说，代替信息传达的是网络，代替见面的是快递员，我们必须要在这个时代里，更关注适合这个时代的组织，更关注这个组织的现在时模式和可能的未来模式——商业的有趣和价值也正是在于组织中的成员、组织本身和组织所形成的整个社会的成长。

很好地回答这四大命题的组织，可以让自己变得非常强大，因此可以保持在动态环境下的可持续性。无法界定清楚回答这个四个命题的组织，会跟不上时代的发展，组织管理成为企业发展的障碍和瓶颈。特别是对历史相对长、企业规模大的那些企业而言，有关这四个命题的回答更加具有挑战性，因为这样的企业更喜欢保护自己，拒绝或者侥幸地面对变化，甚至用尽办法阻碍变化。自我中心的意识浓烈，守住自己的核心能力不愿放弃和做出改变，结果只有被淘汰。

诺基亚拥有146年的历史，收购者微软只有38年的历史。38年的公司，把一家146年的公司一举就拿下了。诺基亚在1865年成立的时候，还是一家小小的公司，但是这家公司非常成功地不断转型，到了1977年的时候开始做手机，以非常创新的力量，超越手机业的老大摩托罗拉。在全球手机行业占据第一的位置整整14年。2008年拥有全球手机市场份额的40%，高居榜首。但是仅仅4年时间，这个企业就没了。为什么会没了？人们分析其失败的原因并归结为5点：①迂腐、失能的官僚组织；②只关注自己拥有的核心能力——成本能力，失去了它的生态手机链；③追求规模和速度，但是失去了顾客；④不愿意过早、很清晰地放弃自己；⑤与市场是隔离的，完全没有创新。

诺基亚拥有的核心能力是成本控制能力，但它只是不断关注自己的成本，所以失去了它的生态手机链。我以前是诺基亚的忠实粉丝，我第一次改用苹果并不是因为苹果好，而是因为我要纪念乔布斯去世，我真是太欣赏这个人，没有办法去表达，最后我就用苹果手机了。但是当我用完苹果手机之后，我知道我再也不会使用诺基亚了。其实诺基亚几乎是第一个制造智能手机的企业，第一个做触摸屏的企业，但它还是太过喜欢它的按键。最后给它生命的是 E71 全键盘概念，之后它就彻底死掉了。

今天我们的企业明显会有与诺基亚相同的问题，整个组织跟不上时代的步伐。往往在这个时候，最需要组织自我变革，不要怕否定自己的痛苦，不要怕放弃优势的动荡，更不要担心对原有体系的冲击，而要真正拥抱变革，真正检讨我们的措施和做法是否符合生存环境的新现实，是否能够了解有能力的个体希望释放创造力的诉求，是否与组织管理内涵的重新定义保持一致，并发展出和获得新的核心能力。问题的关键，就是如何在互联时代，诠释组织管理四大命题的全新内涵。

个体与组织是共生关系

新内涵一：个体与组织是共生关系。这是一个需要重新理解个人与组织关系的时代，无论是对个体还是对组织，这种全新的界定，都会带来挑战和压力。个体不能忽视组织，并需要对组织目标给予承诺；组织不能忽略个体，不能够简单地要求个体服从组织，相反，为了让个体目标与组织目标保持一致，需要做出明确的界定和设计。

“我是在生活所迫，人生路窄的时候，创立华为的。那时我已领悟到个人才是历史长河中最渺小的，这个人生真谛。我深刻地体会到，组织的力量、众人的力量，才是力大无穷的。人感知自己的渺小，行为才开始伟大。”在任正非看来，组织的力量、众人的力量是力大无穷的。“也许是我无能、傻，才如此放权，使各路诸侯的聪明才智大大发挥，成就了华为。”任正非认为华为有今日的成绩是“15 万名员工，以及客户的宽容与牵引”，而他不过是“用利益分享的方式，将他们的才智粘合起来”。任正非重视组织的成就远远超过对自己的成就描述；他对于组织的认同已经不仅仅是使命感或是责任感，他没有将自己放在组织的顶部，他做得更多的是托起这个组织，并用组织的整体力量成就华为。

任正非对组织力量的深刻理解，与军队经历相关，在一支队伍中，个人能力突显各异的团队往往会负于个人能力平平但整体能力突显的团队。这一点，令任正非在处理利益的问题上有着宽广的心胸。一个是董事，一个是员工，在一致对外开拓时，大多数员工都是积极的，但在事关利益时，大多是员工会选择利益；那么对董事来说，如何使组织产生最大的力量，让大多数员工选择华为利益就是最重要的核心。华为的核心竞争力来源于组织和个人的核心竞争力，任正非将华为个人的核心能力与组织的核心能力聚合，形成强大的冲击力。这种冲击力被任正非称为“狼性”。

关于对组织力量的理解，任正非对华为人所赋予的公平原则、利益共享，甚至对华为下游供应商们，都会在危难时期承诺“绝不让利益共同体吃亏”。“我不知道我们的路能走多好，这需要全体员工的拥护，以及客户和合作伙伴的理解与支持。我相信由于我的不聪明，引出来的集体奋斗与集体智慧，若能为公司的强大、为祖国、为世界做出一点贡献，二十多年的辛苦就值得了。”[5] 由此可见，华为的力量来源于组织整体，而绝非仅仅个人，这也是华为持续发展的动力所在，是任正非创造的组织整体的可持续力量。组织的力量在华为完全被释放出来，使得华为增长似乎并未受到外部的冲击，哪怕是 2008 年的金融危机，并没有影响到华为强劲的增长。华为依靠对行业的理解、对技术的理解，更重要的是对组织的理解，成就了华为辉煌的 10 年。[6]

组织必须外部导向

新内涵二：组织必须外部导向。在今天，组织的每个核心成员要始终关注组织生存的要素，要始终缺乏安全感，这种感觉让这个组织的主要成员和这个组织机体本身始终保持对外刺激的敏感性，保持一种常态下的警惕和临界状态。正是由于这种感觉和状态，这个组织因此始终具备着

“活力”。

德鲁克先生也曾表达相同的观点，在他看来，让企业保持清醒的措施有两个：“放弃”和研究企业外部的情况。他说：“每隔3年，组织都应该针对每一个产品、服务、政策和销售渠道提出以下质疑：如果我们还没进入这个行业，我们现在还会进入这个行业吗？”[4]这种质疑，可以让组织清楚自己处在什么样的情形中。在德鲁克先生看来，没有系统化和有目的地放弃，组织就会疲于奔命。它就会把最好的资源浪费在它不应该再做的事情上。它也无法警觉到企业外部的变化，因为我们很少能够在自己的组织中察觉到根本性的变革。

对这个问题，硅谷为这10年的商业世界提供了太多的素材，从思科、谷歌、高通到惠普，还有硅谷之外的比如摩托罗拉、诺基亚这样的公司，让我们看到某个好产品在消失，也看到了大公司在衰落……这些大公司此消彼长之间的变化，一些大公司看似打法坚决，实则是自身前途未卜；从拼命去“抢”更多的，到再把这些抛弃掉，我们看到的都是一种“慌乱”，大公司的慌乱，因茫然而慌乱。买来仅仅一年的、象征着进入未来移动互联领域竞争的WebOS宣布停止研发，卖了49天的平板电脑打折甩卖，隐藏于其后的则是这个全球最大的PC制造商即将退出这个行业。现在惠普更专注于能够带来更多利润的企业级信息服务——这可能是一个好的结果，但战略上的摇摆不定，让我们只能看到“慌乱”的惠普。究其背后的原因，就是无法真正从外部理解变化，无法让自己转向外部驱动的组织管理中。

这时，我们会更加佩服10年前的IBM，创造了兼容机繁荣并打败了苹果的IBM，在一个好时机把PC业务卖给了联想。而现在这个行业中，营销起家的戴尔只有1/3的利润来自PC，余下的几家亚洲企业，它们与技术企业似乎已经没有太多关联了。可见，在缤纷的商业世界里，即使市场增大了，即使你是原来的领先者，都不意味着你能够持续，而唯有那些不断由外部驱动组织变化的企业，能够有目的地“放弃”的企业，才可以保持住与环境的互动。

要提前发现问题，管理者必须时时关注企业外部的变化，并能够有所警觉。我非常喜欢的一句话是：实现目标并不是庆祝的理由，而是重新思考的理由。我很想请每一位企业管理者，问问自己，你有这样看待自己，看待目标实现吗？我也因此非常欣赏任正非的“华为没有成功，只有成长”的逻辑。在这样的领导者身上，总是可以看到，他们对于变化的敏感，他们对于成功的淡漠，他们会认为如果要实现目标，就要认真地重新思考经营之道，就要艰苦卓绝地工作，就要不断地挑战自己原有的假设，就要果断地采取措施，绝不拖延。

组织打开内外边界

新内涵三：组织需要打开内外边界。我们身处在一个转变的时代，无论这种转变是以互联网为标志，还是以中国日益强大为标志，转变是事实已经成为共识。在这样的一个时代，知识和信息是个人和整个经济的主要资源，土地、劳动力和资本等经济学家认定的生产要素还在起作用，但是已经不再是核心要素。因为拥有知识的人，以及互联网技术，让这些传统的生产要素可以移动和聚合。

伊丽莎白·拉威尔在其“利用群体智慧”一文中说：“无论公司是否喜欢这一点，它们都是一个生态系统的一部分。而且，除非公司承认自己与其他‘物种’，包括顾客、供应商、合作伙伴、NGO、创业公司、大学以及学术机构是互相依存的，否则将越来越难以存活。”[7]在这个互联时代，企业需要获取整体的力量，需要能够集合更多人的智慧，有人把其称为“受启发的个人结成的网络”。[7]处在这样一个时代，组织需要有能力集合这一切，无疑需要组织有开放、集合创新的管理范式，这一范式使企业能够更加柔性，并可与环境做出协同；可以使企业能够组合新的成本结构，不同的价值创造并拥有足够的灵活性。有人问我，什么样的企业在今天以及今后可以存续下去，我想就是上述的这样企业，即**把合作能力整合到管理之中的企业**。

我还记得2007年阅读《平台领导》这本书给我的启发，安娜贝拉·加威尔和迈克尔·库苏麦诺[8]两位作者在研究英特尔、微软和思科如何推动行业创新的研究中，提出了有关平台领导的概念。“我们所说的平台领导，是指以推动自身行业创新为目标的公司。”“没有哪家公司可以获得一个市场中所有的创新能力，特别是当需要创新的工具和知识比以往要更加广泛的时候。结果，在我们了解的平台当中，首先创建最基本的应用产品，然后再为新一代产品创建补足品。不管怎样，平台领导和补足品创新者具有很强的合作动机，因为他们联合起来的创新成果，可以为行业每一个参与者提高潜在收益。”

英特尔公司就是其中一个典范。英特尔公司的微处理器（以及个人电脑本身）的价值完全由其他公司创建的产品决定，这些产品包括软件产品（如操作系统、应用程序等）、硬件产品（如键盘、显示器、存储设备等）。也许因为英特尔公司只是一种部件生产商，顾客又是为了能够实现应用价值才会购买其部件，所以英特尔公司处在一个极其被动的位置，因为它要取得市场上的成功，必须极大地依赖于其他公司开发的产品创新策略。英特尔公司选择利用补足品创新的力量以及与外部公司合作的方式，来促使它的新产品走向成功。同时，英特尔公司还大量地投资各种活动，以推动整个平台体系结构的改变和协调行业中其他公司的创新。在英特尔公司的平台策略中，英特尔体系结构实验室（Intel Architecture Lab，IAL）起了非常重要的作用。为了更好地协同内部和外部的合作关系，英特尔公司在内部成立一个专门的组织机构来负责实施平台领导战略并履行承诺的问题。为了与第三方团体保持良好的合作与竞争关系，平台领导内部组织结构设计决策相当重要，英特尔公司无疑解决得很好。当有人问，英特尔公司核心竞争力是什么的时候，英特尔公司的回答是：当顾客提出需求的时候，我们可以组合 20 个供应商在两个小时之内回复顾客。

今天的组织需要不断调整自己，需要不断寻找到与变化共舞，甚至超越变化的能力；它往往不再能选择通过建立组织壁垒的方式获得成功，而是更需要形成开放与合作的组织结构，让外界容易纳入，或者让自己的组织更具弹性。

有关组织管理命题的讨论，是为了帮助我们梳理并回答在互联时代，组织管理需要做出的改变到底是什么？如何理解组织面对的新挑战，组织具有的全新属性是什么？组织变革需要的内在驱动力量是什么？随着观察和研究的深入，这些问题的答案也越来越清晰。

天空没有留下鸟的痕迹，但我已飞过。

我看着摇曳的树枝，想念万物的伟大。

让我设想，在群星之中，有一颗星是指导着我的生命通过不可知的黑暗的。

——泰戈尔

02
第2章

组织新挑战

互联网移动技术推动下的全球化所导致的变化不仅仅是技术推动人们走向生活方式的变革，而是彻底改变着我们的产品、服务、工作方式，进而更是彻底地改变了我们对组织的期待以及对组织架构的理解。互联网摆脱桌子上的PC不过是刚刚开始，谁知道它未来还会在哪里发挥它的工具作用！但是这已经让一些明星一般的企业黯然失色，甚至退出历史舞台，一些公司，如苹果、阿里巴巴、华为，成了家喻户晓的名字，而其他一些公司，如柯达、诺基亚，却走入了困境，甚至无法自拔。正如德国媒体惊呼的那样："在科技面前，没有谁可以高高在上，时代会抛弃一切落伍者。"

正在发生的未来

任何组织都是存在于其所处的环境中，环境本身一定会成为组织的一个重要组成部分，因此如果要进行组织管理的活动，是需要真正理解环境，明确理解外部环境对组织绩效产生的影响，这既是对企业管理者的要求，也是不得不接受的事实。

如果倾听身边的声音，不难发现，人们对于今天所处环境的描述是那样的统一，不确定性、不可预测性、多边性、复杂性这些特征被确认为是环境的主要特征；互联网技术、移动技术、大数据这些直接代表生活方式的术语，也已经为人们所熟知。IBM 的研究报告，直接把我们赖以生存的环境称为“智慧地球”，认为更加互联互通、更加透彻感知、更深入的智能是智慧地球的根本属性。而从我的角度去看，我用“**正在发生的未来**”作为目前我们所处环境的基本特征描述。

为什么今天的环境是“正在发生的未来”？我曾看过两部电影《超体》（*Lucy*）与《星际穿越》（*Interstellar*），前一部是法国导演吕克·贝松执导的科幻动作片，后一部是克里斯托弗·诺兰执导的一部原创科幻冒险电影。这两部片子很多人有不同的解读，但是我认为可以很好地表达我对于环境认知的描述。

吕克·贝松的《超体》在约 2 个小时的时间里探讨了“时间与生命”这个宏大的命题。教授说：细胞的一切活动都是为了获得更多的时间。在适宜的环境下，细胞选择繁衍，成为大量个体的集合；在恶劣的环境下，细胞选择永生，成为独立的个体。这是否就是生命最终的意义呢？我还无法诠释。

什么才可以衡量生命？什么才能够表明生命的意义？什么才能够真正具有生命力？看这部片子得到的答案是：唯一可以衡量生命的是时间；生命唯一的意义，就是将所学的知识传递下去；真正具有生命力的是知识。影片中有一个镜头，拥有完整开发大脑的露西与原始人露西手指对触，与上帝之手的画面极其一致。吕克·贝松是想隐喻上帝版的露西生成了？然而我更愿意理解为当人类大脑开发到 100% 时，更接近自然属性而远离了人的属性。

露西消失了，留下来的是一个巨大的闪盘，电影结尾响起露西的画外音：“生命在 10 亿年前被赋予我们，现在你知道能用它来做什么。”的确，世间万物是一体的，而存在只有通过实践才能证明。我们是否真的理解，我们生命的力量和美妙，是透过我们自己的每一个行动去感知的。只要我们在行动，生命就在焕发魅力；只要我们传承人类的知识，生命就在不断延续；只要我们让每个时间充满价值，生命就拥有了意义。所以生命的每一个瞬间都是对于未来的选择，无论是选择繁衍，还是选择独立个体生存，每一个选择都是对未来的选择。

克里斯托弗·诺兰的《星际穿越》通篇只是最真实的目的、最艰难的抉择和最现实的挑战，这就是触手可及的未来、人类最可能遇到的麻烦。

片中的科学概念，我应该未能很好地把握，虽然影片里相当形象地解释了虫洞，我很佩服导演能够如此诠释这些抽象的概念，但我也只是在极短的时间里有个基本的认知。比如拉撒路任务最关键的部分“虫洞”，这个概念多少可以让我明白一点点，超远距离的飞行还是有办法解决的。不过，这部片子给我最大的感受是，未来似乎就在我们触手可及的地方，只要更多的人为此努力，我们的足迹一定会行至更远。

片子给我真正的启示是，人类返回家园是最初的选择。Brand教授反复念及的诗句：Do not go gentle into that good night. Old age should burn and rave at close of day. 这就是指引人类的明灯，同时也是诺兰向观众传达的意思，所有遥远的未知都不及Cooper对女儿突破次元的爱。爱是推动一切的关键要素，影片的两个关键词分别是爱与重力，唯有这两者可以穿越时空。所以当影片出现两个空间中父亲看女儿的画面时，眼前正在发生的一切，也是未来发生的一切。

“正在发生的未来”是我对今天环境的基本特征描述，**它包含三个内涵：一切皆变，一切皆存在；互动与沟通；共生与分享。**

一切皆变，一切皆存在

我在晨练时，满眼看到的都是变化。一天天树不同了，一天天天空不同了，一天天花儿不同了，一天天小草不同了。人们自然而然地就和时令、气候以及周围的环境融合在了一起。没有谁刻意地宣扬自己的变化，也没有谁刻意地占有资源，每一个自动自发的变化都是为了与周围的一切相和谐。

是的，这是一种再自然不过的自我调整。我常常为小区中的各种植物所感动，时而粉红一片，时而碧绿荡漾，无论春风秋雨、盛夏寒冬，它们都展示着各自的多姿多彩，也正因为这样的变化，让我们栖居的环境总是处在生机盎然的勃发中。

其实，生命本身就是一个变化的载体。不管我们愿意不愿意，生命本身都在按照自己的规律变化着。一呼一吸之间，很多东西都悄然不同了，没有痕迹，不露声色，但是一切都变了，这就是生命的本质。

而适应这种变化，作为一种与生俱来的本能，已经根植于我们生命体中。但是，另有一些变化，在我们的社会中、组织中、生活中等，人们为什么一片茫然、不适应了呢？

1. 变化就是存在

是这些变化太集中、太突然、太快速吗？似乎人们的意识流被一下子撕开了一个黑洞，不知道接下来还会发生什么。这种无穷无尽、深不可测的变化，让很多人觉得迷茫，对不可知的未来深感焦虑。其实之前，当类似自然生命的变化成为一种常态，人们已经渐渐适应了一种平衡——静态的生长，以至于意识不到“变化”本身的存在。

是的，“变化就是存在”——如果认识到这个变化本身的属性，也许可以帮助我们更从容地理解环境。

我自己在年轻时的一段时间里，并不了解生命的本质，认为一切都是可以期待的，觉得时间是一个永远可以挥霍的存在。因为工科出身的缘故，认知世界的方式开始变得科学而理性，时间变成线性，岁月是一条演变的长河，生命逝去一去不复返。因为禅修的缘故，用心去理解生命的意义，知道生命本质上是一种轮回，生命的终结也是起点，这时时间是一种循环。

从时间可以挥霍，到时间是线性一去不复返，再到时间是生命的轮回，这是我认知时间的一个过程。假设这是过去、现在、未来的概念呈现，那么唯有透过现在，才有过去，也才有未来。

最让我感受到环境这一特点的是出租车行业的巨变。坦白地讲，如果按照我有限的认知，无论如何也不会想到出租车司机竟然是第一个全面与互联网对接的职业，也绝对不会想到出租车这个行业已“极速”互联网化。同时，另外一个与出租车相关的案例是 PP 租车，我也没有想到原来每个人可以把自己闲置的车组合起来，通过一个非常便捷的平台租给客人，让车在空闲时，能够帮助别人，同时又能够获取商业价值。仅仅 1 年的时间，平台上就有 10 万辆车注册，月均流水增幅超过 100%，资本对它也十分青睐。结果导致了出租车行业大范围的讨论和撞击，这些改变，也正是这个行业的存在，不管你是否愿意，这就是现实。

很多时候，我们对环境的认识还停留在以往的经验里，比如会关注人口、GDP、消费指数、空气以及国家政策，的确这些都是影响外部环境的因素，甚至有些是关键因素。但是对于今天的环境而言，除了这些影响因素之外，更需要拥有一种认知环境本质特征的能力，因为环境的影响因素也会改变。出租车和出租车司机在滴滴打车软件出现之前，对其影响的因素也许是油价、天气、道路管制以及行业规则。滴滴打车软件出现之后，这些影响因素还在，但是影响作用却发生了变化，乘客和出租车司机的关系也改变了，两者的关系因为“第三者”的出现，显现出不同的效率和结果。这就是所谓的“变自生变”。

2. 善于自我变化

《失控》的作者凯文 · 凯利 [9] 在《技术元素》一文中有一个论断：所有公司都难逃一死，所有城市都近乎不朽。因为公司的成长逻辑遵循着有机体的生长周期，好像一个人一样，有发展也有衰退；而城市则构筑了自我不断动态扩张的生态系统，在变化中有着不可预测的未来。

凯文·凯利更将视野放开，从大自然中提炼出“无中生有”的九条规律，为终极生态系统的扩张奥秘追本溯源。然后视野一收，他竟然从现代公司里正在发生的事情中，找到了这九条规律存在的依据——它们都致力于打破边界、内向成长。

他进而判断：在互联网时代，控制会很快失灵，更具有动态平衡的眼光才有利于组织茁壮成长。公司是有生命周期的，而事业的影响可以绵延不绝。这也正是人们说信息时代更趋于人本回归的原因。

凯文·凯利总结的大自然生长的九条规律，从无中生有，到变自生变，这种变化本身是结构化的。所以大型复杂系统的做法就是协调变化。当多个复杂系统构成一个特大系统的时候，每个系统就开始影响直至最终改变其他系统的组织结构。若你要做到从“无”中生出最多的“有”，就必须要有能自我变化的规则。

这不正是老子在《道德经》中所说的“道生一，一生二，二生三，三生万物”吗？也是所谓的企业家精神的根本：打破平衡，避免失衡，不断寻找不均衡。从而在一种动态的平衡中打破企业生命周期的魔咒，实现企业的可持续经营。正如乔布斯的人生哲学：每天都在改变。

3. 变无止境

人们发现自库克接任苹果的新帮主以来，苹果发生了一系列变化。比如 2010 年 10 月，乔布斯在苹果财报会上称，iPad 的 10 英寸屏幕是开发平板电脑应用的最小尺寸。因为更小屏的平板电脑虽然让图片看起来清晰一些，但是使用起来却很不方便。可是乔布斯去世后仅一年，苹果就推出了 iPad mini，而且是目前为止最畅销的 iPad 产品。

乔布斯还公开嘲笑某品牌大屏手机是“悍马”：“你无法将它握在手中，没人愿意买它。”还是在他去世一年后，库克竟推出了更大屏幕的 iPhone 5，并于 2014 年推出了更大屏幕的 iPhone 6 和 iPhone 6 plus。其宣传口号就是：“岂止于大”。乔布斯钟情于拟物化设计，在他看来，iBooks 看起来就应该像真实的木质书架。但在乔布斯去世后，苹果干脆解雇了负责移动软件的高级副总裁斯科特·福斯托尔，缘于他是乔布斯设计偏好的坚定捍卫者。接下来的 iOS 7 完全颠覆了乔氏风格，采用扁平化界面，彻底抛弃了模拟现实世界的物体。以及库克亲自走进中国、苹果对媒体开放、热衷慈善等，都是和乔布斯反其道而行之，以至于有人认为库克背离了苹果的宗旨。

在乔布斯看来，生命的意义就是改变世界。如今，库克持续了这个“改变”。其实，库克正是遵循了一条“生”的道路——一条企业可持续发展之路。这正是许多公司在新旧统帅交接时面临的生死大坎，也是所有公司由盛而衰生长周期的死穴。目前为止来看，库克迈过了这道坎。库克接任 CEO 以来，苹果的市值上升了 1400 亿美元，2014 年第四季度卖出 7446.8 万部 iPhone，创历史纪录。

所以库克说，他的改变，正是继承了乔布斯的精神遗产。乔布斯说过：大部分人都生活在狭小的柜子中，以为自己无法对事物产生重大影响和改变。乔布斯从不接受这种哲学，并要求苹果的高管也拒绝这样的想法。如果你能做到这一点，那么就能够让事情发生改变。如果实现的成就是无止境的，那么你就可以改变世界。他对库克嘱咐道：“永远都不要想乔布斯如何做，而是你想怎么做。”这样看来，库克的改变，恰似乔布斯灵魂附体，他致力的是能够自我变化的规则，也是为苹果突破成长极限、持续经营而“变”。

而库克所说的“核心价值一直未变”，一如自然生长的脉动，是一种不均衡下的规律。

维克托·迈尔–舍恩伯格和肯尼思·库克耶在《大数据时代》中写道："虽然我们可以塑造当下，但未来却从过去的'完全可预测'转变为一块开放又原始、广阔而空白的帆布，所有人都可以在上面依据自己的价值，努力裁剪塑形。"[1] 这是今天这个时代环境最具魅力的地方，一切皆变，一切皆存在。

只是未来从来不会自己到来，你必须寻找到能够自我变化的规则。

互动与沟通

当三星看懂苹果的企图时，iPod 已经热卖，而三星的 Yepp 已经无影无踪了。同时消失的还有 MP3、MP4、MP5。三星高层后来反思说，他们还停留在产品思维阶段，而苹果的出发点是顾客的生活方式，顺应顾客生活方式来提供解决方案。当苹果推出 iPod 的时候，乔布斯的主要精力不是花费在产品设计上，而是为"顾客"整合唱片，获得唱片业的授权。

小米"为发烧友而生"

同时期看懂苹果企图的只有小米。小米着手准备，在推出手机之前先做了一年的软件：米柚系统（MIUI）。但是如果小米只是做到了这点，便不会有后来突然爆发的量级巨变。小米不是简单地模仿苹果，对于消费者，雷军比乔布斯更进了一步。

对了，小米是从 100 个梦想赞助商的感人故事开始的，精心培育了 50 万用户！小米声称"为发烧友而生"——成功将自己的梦想平移到消费者身上，从而产品一经推出便平步青云，一夜之间火爆。没错，"人人都可以有梦，万一实现了呢？"，是这一代年轻人、创业者的座右铭。

火了以后的雷军在每每公开谈及小米的成功秘籍时，都会祭出"专注、极致、口碑、快"的七字诀；后来又有快速迭代的营销策略抛出；随着小米科技的联合创始人、小米网负责人黎万强的《参与感》一书出版热卖，人们又读出了“消费者参与”。但是，所有这些和传统的做法真的有什么本质的不同吗？长期在市场中摸爬滚打的企业人表示怀疑。它听起来更像是小米自身的口碑传播——利用了互联网技术与人们的好奇心。

有人看出了真正的奥妙。是的，雷军和黎万强用了障眼法，或者说他们并没有告诉人们全部（苹果也不会一开始就告诉你他怎么想）。这个答案才是最重要的——苹果与小米都是回归到企业的本源去思考，那就是：你是为谁做哪些服务的。

很多传统企业可以将规模做成巨无霸，成为产品销量的王者，但却不知道卖给了谁，不知道顾客为什么买或不买；除了买卖关系，企业和顾客没有其他任何关系。

苹果从“非顾客”开始培养，小米则提出“亚文化”情结，都是从非主流开始，潜移默化地影响和发展顾客（果粉、米粉）。这也正是当年百事可乐的崛起之道——从年轻人开始培养顾客，从而一举启动市场。

小米看透了苹果，却多走了一个环节：构建顾客关系。他首先构建顾客社区，花大力气发展小米网和同城会，布局小米之家和云服务；然后是沿着顾客数字生活方式延伸终端设备及解决方案。当米柚发展到6500万用户时，这意味着什么？围绕着其生活方式，这不仅仅是一部手机产品。

这就是从“规模经济”到“范围经济”的嬗变过程。雷军的思维超过了杨元庆的“PC+”，小米显然图谋更大。当然现在雷军似乎遇到了麻烦，而杨元庆也已经觉醒，声称也要和自己的消费者密切互动，不再把自己的“粉丝”随便让给别人了，在几个互联网大佬参加的一个论坛上，杨元庆这样表态说。

现在我们明白了，小米最厉害的不是手机，甚至也不是米柚，而是构建顾客社区。他并没有停留在电子商务和小米网上，而是坚决地走向线下，构建了同城会和小米之家。

“褚橙”并非“红塔山”品牌工程的简单平移

当黎万强用《参与感》[10]与读者分享成功之道时，已经在逼近小米的成功关键因素了。成功的创业个案常常折射出时代背景的变迁，当一类案例呈群体出现时，这种变迁便已经显性化了。

我一直十分好奇地关注褚橙案例。因为褚时健的传奇人生太具有时代典型性，人们对他的过度关注会掩盖事情的本质，而人们对冰糖橙的关注也很容易会归因于产地的独一无二。当我深入进去分析后，我发现了更有价值的实践经验：褚时健对经营本质的把握。

我曾经为铁鹰老师的新作《褚橙你也学不会》㊀[11]著序分析，一是以顾客价值为导向（褚时健夫妇把自己当成消费者，经过广泛的调查研究，和湖南、广西等产地的冰糖橙比较，哀牢山出产的冰糖橙的确好吃）；二是以产品力为根本（其产品曾在北京经过6场由251人参与的盲试实验，从外观、剥皮难易、甜度、酸度、水分、化渣率、橙籽数量、整体口感八项内容进行评价，结果显示褚橙最优）；三是对价值链的深刻灵活理解（如与渠道商分享利益、分销方式线上线下因地变通等）；四是通过科学管理释放管理效能（褚时健对生产管理精益求精，浇水、施肥、抹稍、剪枝等流程作业一丝不苟等）。有没有发现？这一切似乎是当年红塔山品牌的缩影，它完整地折射出褚时健缔造红塔山辉煌的过程，也证明了没有谁随随便便就成功的道理。

但是正如雷军自金山词霸后的再一次崛起，斗转星移，世事变迁，成功能够简单地平移复制吗？以顾客为导向、和产品的死磕背后，离市场最后一千米到底发生了什么？

为什么褚橙一夜之间便家喻户晓？正如同时代的成功创业个案，是量级的增长。当我持续琢磨这个问题时，又有了新的思考。这才是最重要的——企业和消费者沟通的平台和方式变了！从因果关系看，这才是变化

㊀ 此书已由机械工业出版社出版。

的必要条件。

企业和消费者互动与沟通的平台和方式变了

是的，一个橙子在极短的时间被无数人喜爱并追捧，核心的关键是：褚橙具有与人们互动的载体，这个载体由本来生活网创造。

与本来生活网的朋友聊天，倾听这样一批媒体人创业卖农产品的故事，的确令我这个在农牧行业多年的人大吃一惊。简单地看，这只是一个成功的营销案例，但是如果细细体味，你就会自问：为什么传统的农牧行业人，没有创出这个商业模式？传统的营销策划以及销售公司，为什么没有做出这个商业模式？正是因为本来生活网的人，很理解改变了的消费者以及改变了的环境。他们的成功之处在于，并没有去卖一个橙子，而是寻找到一个橙子如何与消费者互动的方式。

推而广之，你会发现，人们喜欢的几个电视节目秀，可以更加说明互动与沟通的环境特征，《爸爸去哪儿》《中国好声音》《中国好歌曲》《非诚勿扰》等，这些节目之所以能够获取高的收视率，无疑都是因为和观众有了深入的互动、广泛的交流，让一个普通人有机会实现梦想——每一次消费体验，都是助飞梦想的翅膀。

从消费者的角度看，得益于技术，人们了解资讯和世界的方式越来越多，因为互联网、电视、iPad、云技术等，人们阅读以及创新的方式已经发生了很大的改变，正如很多评论所说的那样，这些一定会令人与世界的沟通变得更多元、更丰富以及更复杂。本来生活网、褚时健、苹果公司、湖南卫视、浙江卫视、江苏卫视等，这些人或者企业，都是主动拥抱创新，认识变化，欣赏并利用这些变化，通过互动与沟通，让自己更加具有影响力。

而对于企业来说，今天的消费者控制着他们“想要什么”“什么时候需要”。在互联网出现之前，顾客想看电视节目，需要接受企业的设计，按照企业约定的时间。但是现在消费者在任何地方、任何时候，都可以看到电视节目，他们可以随时与他们的朋友交谈，不受任何人的限制。因此企业需要改变自己的角色，主动和顾客互动，寻找到与顾客之间的互补，了解到什么方式是顾客习惯、渴望的，了解如何设计一个平台，能够与顾客沟通，让顾客可以参与互动，形成社会化的网络。

人人参与成为这个时代的特征，让大家连接在一起，本身就是一件值得学习的事情，所有的东西都是新的，就如褚橙、iPad、新传媒等，技术让一切皆有可能，也让人们拥有新感受和新机会，这些新感受和新机会又会推动技术的进一步创新。尝试新东西和设计新沟通与互动平台，真的是很令人兴奋的事情。

德鲁克在《管理未来》中说："互惠（reciprocity）将成为国际经济整合的核心原则。这一趋势目前已经难以逆转了，无论你喜欢与否（我就不喜欢）。"[12] 坦白地讲，我也不喜欢，因为一切都以互惠为原则，也许经济关系会表现为越来越多的贸易集团关系和特征，人与人之间也许会表现为交换关系、价值互换关系，或许导致人们之间太过功利与商业。我更喜欢单纯、爱以及不求回报。不过我也知道，不管我是否喜欢，互动与沟通成为事实和必然的选择，我们都要面对和接受了。

不过社会经济学家哈耶克也说过，商业是最大的公益。孟德斯鸠说，有商业的地方，便有美德。让我们乐观"已经发生的未来"。这场变化，还远远没有探底。

共生与众享

如果让我再为今天的环境寻找第三个内在含义，我会选择"共生与众享"这个概念。

我在 2013 年出版的专著《经营的本质》㊀ [13] 的序中写过，记得一个文学家写过这样的随笔：如果学习经济学一定会满含眼泪，因为这是一门

㊀ 此书已由机械工业出版社出版。

悲哀的学问。其悲哀在于，要用有限的资源，去满足人们无限的需求，而这是经济学本身根本无法完成的任务。

曼昆在每一年给哈佛大学一年级的学生讲授经济课程时总会说："经济学课程的目的是理解人类居住的这个世界，而不是倡导某个特定的政策立场。"[14] 那么企业经营呢？经济学的遗憾恰恰给它留下了创造的空间，而创造本身一定与时代的价值共识有关。

认识到这一点，也正是企业可否永续经营的命门。在今天，移动互联网下，知识的进步倍速提高、信息的传播倍速加快，给企业经营者留下的学习、反思时间，无疑也倍速压缩了。这也促使我再一次认真思考这个命题。

1. 读《增长的极限》：悚然一惊

多年前阅读《增长的极限》[15] 这本书的时候，给我带来的强烈震撼影响至今，那种被震住的感受依然历历在目。之前，我会觉得自然资源是无限的，从没有考虑过诸如水、空气、土地、森林、矿藏等，有一天会突然枯竭。从未想过有一天会大面积、长时间发生停电、停水的情形。但这本书，明确地表达着一个可能的事实：资源会被耗尽——假如人类按照自己的习惯增长。

作者在书中提出的主题是：目前的政策将会导致一个可持续未来，还是走向崩溃？该怎么做才能创造一个能为所有人充分提供充足所需的人类经济？让我震惊的是，作者是在通过对未来世界人口、经济增长、生活水平、资源消耗、环境等变量都做了"精确"预测后，得出"崩溃"的预言的。这在今天看来是很普遍的认知，对于 30 多年前的我实在是极大的震动。

正如书中所言，只有两种途径能够回到可持续增长的轨道上：一是"有管控的下降"（managed decline），通过有序地推出新的解决方案（太阳能代替石油能源）；二是"崩溃"（collapse），你不再驾驶汽车。有序地推出新解决方案，一定需要较长的时间，就如北京的“雾霾”，如果要寻找到解决方案，绝不会是短期可以做到的。所以，在基础资源完全耗尽前开始动作，你依然会冒着当资源耗尽时在等待新方案的风险。

受到这本书影响，自己对环境的认识，**从“资源视角”转换为“资本视角”，从“消耗占用逻辑”转换为“创造共生逻辑”**。转换的核心是：在任何行动安排和战略选择时，需要采用可持续性的价值观，需要有共生的逻辑，需要带来可众享的结果，因为只有这样才会符合环境发展的规律。

同理，产业发展的历史一直是企业淘汰的历史，信息技术和互联网技术出现后，环境的不确定性迅速增加，不符合环境发展规律和产业发展规律的企业被淘汰出局的速度也加快。我的脑海中常常出现 IT 通信产业的版图：摩托罗拉，曾经的世界第一、中国第一；诺基亚，曾经的世界第一、中国第一；三星，在今天是世界第一、中国第一。但是苹果用几款极致而单纯的智能手机就把整个产业格局彻底颠覆，今天华为以迅猛之势进入，接下来谁会保持在领先的位置呢？

企业之所以可以存活，是因为企业组织能够创新，具有极强的危机意识，最高领导者的坚持，以及把顾客需要转化为企业的追求。手机企业的兴衰起伏，人们也从中得到启示：谁更基于消费者创新，谁就能生存；谁与顾客走在一起、共生成长，设计平台，让价值链成员众享价值，谁就会成为下一个领先者。曾经在一次交流中创造了一个词“向生而生”。“向生而生”就意味着寻找到可持续性，让组织具有可持续性，让组织成员、价值链成员共生成长，共享价值。

2. 风口之下：你是选择机会，还是可持续性

哈佛大学历史学教授尼尔·弗格森在新著《大退步》（*The Great Degeneration*）中，重新思考构成西方文明的四大基石——民主自由、市场竞争、法治、公民社会，他甚至认为制度的衰退导致了西方世界经济的

衰退和国家政治的保守固化……[16] 这些思考启发我从新的视角去看中国今天提出的“新常态”的表述。

过去 35 年中国完成从计划经济向市场经济的转型，在这个过程中，中国利用了丰富的资源，尤其是劳动力资源。随着经济持续的高增长和发展，很多资源和要素都变成了短缺，甚至中国人口老龄化问题也在加剧，劳动力短缺在不久的将来会成为现实。在这种情况下，“新常态”的表述标志着中国调整自己的增长方式、经济结构、发展模式，这也可以理解为是对全球环境可持续发展的判断所做出的选择。实现这个选择，更加需要共生的逻辑与众享的价值观。

“共生”与“众享”是至关重要的，因为这意味着可持续的选择。在生存竞争中，仅仅凭着预见能力出众并不足以让你持续成功。必须能够在预见的基础上，能够构建出持续发展新事业的能力并使之转换为市场成功的行动。尤其是在互联网时代，商业机会犹如雨后春笋般萌生，财富的移动和积聚的速度前所未有，新的创富者和创业者层出不穷，创业及创新如大潮般蓬勃雀跃。但是，冷静去观察，能够在大潮中真正成为弄潮者的还是少之又少，为什么？我不认为这些创富者和创业者创意不够，不认为他们没有发现市场机会和顾客的价值，也不认为他们无法获得资金的支持，更不认为他们的毅力和吃苦不足。核心的关键，他们选择的不是持续性，不是“共生”与“众享”，只是一个机会。

记住，机会不会让你持续成功，因为机会稍纵即逝，唯有共生成长，并可让相关成员共享价值，成功才可持续。

附录 2A 生物学启示：从共生自然到共生经营

“共生”是一个生物学概念，自 1966 年艾德勒在《哈佛商业评论》上发表题为“共生营销”一文后，关于协同营销、联合营销、合作营销之类的说法与企业实践便铺展开来。[17]

2004年，哈佛商学院企业专家马克·英西蒂和罗伊·莱维恩经过10多年的跟踪研究，合著出版了《关键优势：新型商业生态系统对战略、创新和持续性意味着什么》一书，指出同自然界的生态系统一样，商业界也存在着自己独特的生态系统。该思想对企业营销创新进一步产生了积极的刺激作用。[18]

生物学对"共生"的概念是这样描述的：共生是生物在长期进化过程中，逐渐与其他生物走向联合，共同适应复杂多变环境的一种生物与生物之间的相互关系。共生，既具有组织过程的一般特征，又具有共生过程的独特性。它不是共生单元之间的相互排斥，而是相互激励中共同合作进化。这种合作进化不仅可能产生新的单元形态，而且可能产生共生能量和新的物质结构，表现为共生个体或共生组织的生存能力和增值能力的提高，体现了共生关系的协同作用和创新活动。但是共生不排斥竞争，它不是自身性质和状态的摒弃，而是通过合作性竞争实现单元之间的相互合作和相互促进。这种竞争是通过共生单元之间功能的重新分工定位与合作实现的。

这段阐述，不仅概括了共生作为一种生物现象的本质特征，也对在人类社会生活中解读共生现象，指导共生行为，提供了标准和指针，而以下生物学关于共生系统特点的描述，会给我们选择共生伙伴提供启发。

特点一：共生伙伴选择关系具有专一性

"宿主"（共生中体积大的一方）与"内共生体"（体积小的一方）组成了"共生伙伴"的关系，而对于一种特定的宿主来说，其共生伙伴具有很强的唯一性。这种唯一性高度确定又高度排他，其他生物一般很难介入其中，于是这种关系被概括为"共生伙伴的专一性"。研究发现，共生关系建立之初，一定会经历一个细胞与另一个细胞之间的相互识别。由于宿主的共生伙伴大多具有唯一性，所以这种识别至关重要。

特点二：共生伙伴关系的区别性

共生伙伴之间的利益关系，并不是无条件地均衡地分布在双方之间的，这就要区别不过同类型的“共生系统”。

类型1：互利共生系统。共生伙伴之间在过程中互通有无，在功能上互相补偿，在效果上互惠互利。

类型2：偏利共生系统。共生伙伴一方受益，另一方基本上不受影响。

类型3：寄生共生系统。一方受益，另一方受害。

特点三：共生伙伴依赖关系

在不同的共生系统中，共生伙伴相互之间的依赖程度不同，关系类型也大不相同。

类型1：生死相依型。共生关系一旦建成，宿主就会丧失独立生存能力。

类型2：聚散两便型。共生伙伴可以分离，属于一种“好聚好散，再聚不难”的共生关系。

特点四：共生伙伴互动关系的动态性

共生伙伴之间的行为逻辑是既斗争又合作的，因而其互动的结果总是呈现为动态平衡状态。有研究表明，在大多数细菌与细胞的共生系统中，如果环境条件有利于内共生细菌的生长，那么细胞内大量繁殖的细菌会引起宿主细胞死亡；如果环境条件有利于宿主生长，快速繁殖的宿主细胞会通过类似于“稀释”的作用，摆脱内共生菌。[19]

关于“内共生体”的过程借鉴

研究发现，细胞经由吞噬作用将环境中的外来细菌摄入体内，而外来细菌能避开或经受住细胞内消化酶的消化作用，就有可能长期并稳定地生活在宿主细胞内，最终转化为宿主的“内共生体”。

其生成过程，通常是经过三种途径实现的。途径一：细胞的吞噬体发生物理损坏。途径二：吞噬体膜上的溶酶体受体丢失或失活，使外来细菌得以保全。途径三：溶酶体由于某种原因不能将其中的酶释放到吞噬体上，或溶酶体酶系没有能力降解吞噬体。

这些过程的特性说明，自然中共生关系在建立之初，可能完全是一种偶然事件。也就是说，共生未必肇始于双方互惠互利的目的，也未必启动于双方明确而自觉的彼此识别，完全有可能只是由于偶然——一种一方某种机能强劲，另一方某个部分缺损或某种机能缺陷，两方相互组合时的偶然。

但这恰恰给企业带来深刻的启示。正如前面提到经济学面对有限资源的无奈，而经营则可以创造再生资源；经济学建立在“人是自私的”假设上，而营销却要从“利他”出发一样。彼此也是一种共生关系。

企业不能放弃主动选择。判别是否需要协同、是否可以协同的最高检验标准，就在于发现彼此关系的现实性质和未来趋势，是否存在“互利共生”的特质与可能。

中国企业在压缩式发展进程中，几度经历了深陷竞争僵局的困惑，作为突破竞争僵局的着力点，协同营销、共生营销曾经进入了经营者的视线，而企业在实践中也经历了纵横协同的尝试，如价值链上下游协同、跨行业互补式协同、企业间嵌入式协同、区域模块化制造、行业内联合图存等，都是一种共生的尝试。

“新常态”下，“互联网 +”更提供了无限的协同可能，但与之前明显不同的是，原来的协同营销本质上还是一种竞争关系的变体，互联网思维下的共生经营，则是远离竞争的价值创新。而互联网科技带来的这场社会变革，也使得企业“超越竞争”的夙愿更加成为可能。

这里有一个重要的媒介，也是企业重要的共生选择伙伴，就是你的目标消费者，准确地说叫“粉丝”“社群”。这里彼此已经不是一种单纯的利益关系、从产品到货币的商品交易关系，而是真正意义上的共生关系。显然，这是一门新学问。

不是你自己有多么优秀、突出，而是你和共生对象如何和谐相处，你在未来的生态圈价值链中有没有自己的位置；也不是木秀于林，而是你在一片森林中如何共生成长、彼此激励进化——从现在开始。

同质化的市场

2008 年北京奥运会前一天，我带着妈妈感受中国第一条高铁，从北京到天津只需要 29 分钟，人们无论如何不会想到，不到 10 年的时间，中国高铁已经贯彻中国的大江南北，其舒适与便捷的程度，超出我对铁路体验的预期，而高铁布网的实现，我对于城市之间交通的认识，从飞机变换为铁路，城市之间的流动也因为高铁变得更加容易。

除了便捷与缩短城市之间时间距离之外，最让人感受深刻的是城市之间的“同质化”。每个城市都有相同的商圈设计和商品品牌，一样的沃尔玛、家乐福，一样的万达广场和都市风情；你看到金融街几乎都是一样的高楼林立及充满现代感；走在上海的街市与沈阳的街市，好像也不会有太大的差距。相似的城市带来的感受虽然让人到了一个陌生的城市不再感到陌生，但也同样失去了如鼓浪屿与乌镇那样的别样触动。的确，这是城市生活的一个令人遗憾的现象，同时也昭示着，同质化是今天需要必须注意的一个时代特征，在我看来，集中表现在金融、信息与数据、顾客这三个领域当中。

金融

2007 年 7 月，美国出现次贷危机。到 2008 年秋，次贷危机进一步演变成全方位的金融危机。在 2008 年 9 月 15 日雷曼兄弟公司倒闭之后，美国的金融危机不仅裂变成全球金融危机，而且转变成十足的经济危机。对全球经济形成严重冲击，给多国带来失业大增、政治动荡的严峻挑战。一国的金融危机引发全球经济危机，让我深切感受到在金融概念下的全球化问题，也让我第一次明确地感受到全球化中的“同质化”问题，而同质化中最典型的要素就是金融。

在这个时候，我们自然想知道：金融到底是怎么回事？危机之后，金融市场是否会终结？人类社会为什么要金融市场？金融交易除了让华尔街、金融界赚钱之外，对社会到底有没有贡献、有没有创造价值？如果有的话，是如何贡献的？是如何创造价值的？金融的逻辑是什么？为什么国与国之间，在金融的体系上和金融的逻辑上如此同质？

陈志武教授在其《金融的逻辑》一书[20]中给出了观点：“金融的逻辑是货币的逻辑演化发展到一定阶段的产物，货币的逻辑演化到金融的逻辑是人类经济增长方式的转变。同时，金融的概念随着经济的发展也在不断深化。到了知识市场经济时期，资产运营上升到资本运营，人类经济增长方式由资产运营为主导上升到资本运营为主导，投融资方式不但有间接投融资，而且有直接投融资时，所谓金融，就是资本运营，而资本运营就是投融资，包括直接投融资与间接投融资两种形式。知识经济时代金融的逻辑，是资本运营历史发展的必然结果；资本运营的历史，是金融的逻辑在时间上的展开。金融的逻辑就是资本运营的逻辑，资本运营的逻辑是资产运营的逻辑的提升。因此金融的逻辑不是凭空产生的，也不是人类有交易活动时就有的，而是人类经济增长方式发展到一定阶段的产物；而随着人类经济增长方式发展的金融的逻辑，就是金融由配置功能向再生功能转化。”

这段话把金融的逻辑完整地诠释了出来，如果让我用自己的理解去表示，金融就是资本运营加上时间维度，而资本运营则是资产运营加上增值维度。不知道我这样理解陈志武教授是否认同，但是《金融的逻辑》这本书，让我对于金融有了一个全新的认识。如果可以从资本、资产运营的层面去理解金融，也就比较容易理解，金融的“同质性”。

拿破仑说过一句话：“金钱没有祖国，金融家不知何为爱国和高尚，他们唯一的目的就是获利。”这句话如果抛开其他的界定，单纯理解为对于金钱和金融的功能而言，也许是对的。人们都知道国际市场（如纽约外汇市场等）每日交易的总量，大大超过了一个国家内部的交易总量，甚至超过两个国家之间的交易总量。这些大量的交易，奉行相同的游戏规则，今天的货币已经摆脱了国家的束缚，跨出了国界。

想到金融，我脑海中总会出现索罗斯的样子，总会记得 20 世纪 90 年代的亚洲金融危机。1997 年，索罗斯把目标瞄准了东南亚，掀起了一场轰动世界的亚洲金融危机。90 年代初期，当西方发达国家正处于经济衰退的过程中，东南亚国家的经济却出现奇迹般的增长，当亚洲处于泡沫经济的狂热和兴奋之时，并没有意识到自己经济体制的漏洞，但是索罗斯却已经察觉到了。索罗斯正是看准了东南亚资本市场上的这一最薄弱的环节才决定首先大举袭击泰铢，进而扫荡整个东南亚国家的资本市场。

1997 年 3 月 2 日，索罗斯攻击泰国外汇市场，引起泰国挤兑风潮，挤垮 56 家银行，泰铢贬值 60%，股票市场狂泻 70%。泰国政府动用了 300 亿美元的外汇储备和 150 亿美元的国际贷款企图力挽狂澜。但这 450 亿美元的资金相对于无量级的国际游资来说，犹如杯水车薪，无济于事。由泰国引起的金融动荡一直蔓延到亚洲的北部乃至俄罗斯，马来西亚、印度尼西亚、中国台湾、日本、中国香港、韩国均受重创，导致工厂倒闭、银行破产、物价上涨等一片惨不忍睹的景象。这些国家和地区人民的资产大为缩水，亚洲人民多年来创造的财富纷纷贬值，欧美国家利用亚洲货币贬值、股市狂泻的时机，纷纷兼并亚洲企业，购买不动产，以其 1% 的代价轻易获取了百分之几百的财产。

这场扫荡东南亚的索罗斯飓风一举刮去了百亿美元之巨的财富，使这些国家几十年的经济增长化为灰烬。那一时期的亚洲人都记住了这个恐怖的日子，记住了这个可怕的人，人们开始叫他“金融大鳄”。在一些亚洲人的心目中，索罗斯甚至是一个十恶不赦、道德败坏的家伙！

索罗斯自己却不这样认为，他说：“我是一个复杂的人，在世界一些地区，我以迫使英格兰银行屈服和使马来西亚人破产而出名，即作为投机者和魔鬼而出名。但在世界其他地区，我被视作‘开放社会’的捍卫者。”他曾说过：“在金融运作方面，说不上有道德还是无道德，这只是一种操作。”所以我也无从去评价他及其所作所为，但是从这一切的结果来看，金融是完全跨越国界自成一体的。

数据

在我看来，同质化市场的第二个要素是“数据”。最早提出“大数据”时代到来的是麦肯锡咨询公司，麦肯锡称：“数据已经渗透到当今每一个行业和业务职能领域，成为重要的生产因素。人们对于海量数据的挖掘和运用，预示着新一波生产率增长和消费者盈余浪潮的到来。”“大数据”在物理学、生物学、环境生态学等领域，以及军事、金融、通信等行业存在已有时日，却因为近年来互联网和信息行业的发展而引起人们关注。

托夫勒早在《第三次浪潮》的书中就称大数据为“第三次浪潮的华彩乐章”[21]。哈佛大学社会学教授加里·金说：“这是一场革命，庞大的数据资源使得各个领域开始了量化进程，无论学术界、商界，还是政府，所有领域都将开始这种进程。”IBM 执行总裁罗睿兰认为：“数据将成为一切行业当中决定胜负的根本因素，最终数据将成为人类至关重要的自然资源。”

人们如此判断“数据”的影响及价值，不难理解数据已经是一种被公认为的资源，具有自己独立的属性并不受任何人的影响。在我看来更重要的是，“数据”成为一种通用的新语言，重构着我们的生活、重构着每一个行业，甚至重构着我们的行为与思维。

“大数据标志着人类在寻求量化和认识世界的道路上前进了一大步。过去不可计量、存储、分析和共享的很多东西都被数据化了。拥有大量的数据需要不那么精确的数据为我们理解世界打开了一扇新的大门。社会因此放弃了寻找因果关系的传统偏好，开始挖掘相关关系的好处。”[1] 当我看到这段文字的时候，我知道一个全新的世界已经生成，当云计算成为现实的时候，这个全新的世界已经存在，这就是围绕个人以及组织的行为构建起了一个与物质世界相平行的数字世界。

“数据”带来的变化，已经不再停留在技术层面，也不仅仅是商业层面，更本质上讲，它为我们看待世界提供了一种全新的方法，即决策行为将日益基于数据分析做出，而不是像过去更多凭借经验和直觉做出。这种改变是革命性的，它让我们变得更加开放和包容，如果能够理解这种全新的认识世界的方式，你会接受混沌和不确定性，你也会接受变化；你不会执着于自己的经验，相反你要把自己交出去，倾听“数据”，承认事物之间彼此的关联，而不仅仅是因果关系；当你可以这样理解世界的时候，你也许离认识世界的真相又近了一步。

我第一次感受“数据”的神奇是在亚马逊上买书的经历，当我选好了一本书之后，亚马逊会根据我选定的书籍，推荐相关书籍给我，而且它推荐的书的确是我需要购买和阅读的，非常准确。

是的，的确如此。亚马逊公司的创始人以及总裁杰夫·贝索斯（Jeff Bezos）就是这样想的：根据客户个人以前的购物喜好，为其推荐具体的书籍。亚马逊开始在朝着这个设想展开自己的技术和拓展，格雷格·林登（Greg Linden）找到了解决方案，就是找到产品之间的关联性。1998 年，林登和他的同时申请了著名的“item-to-item”的协同过滤技术的专利。林登曾回忆说：“在组里有一句玩笑话，说的是如果系统运作良好，亚马逊应该只推荐你一本书，而这本书就是你将要买的下一本书。”[1] 不过以我在亚马逊买书的经历来看，这个说法有很大的可信度。

我虽然还不能够完整地理解大数据时代带来的根本性变化，但是我已经深深地感受到认识世界方式的改变带来的变化。“数据”作为一种自然要素，已经渗透在每个人的生活当中、行为当中；“数据”作为一个世界，已经并行于物质世界，成为人们生活不可或缺的一部分。这种新的“语言”，新的认识世界的方法，新的生活方式，完全是一种新的认知标准，不受传统的语言和文化的影响，完全要改变人们的思维习惯，约束人们的行为按照新的逻辑展开，在“数据”面前，任何地区和国家的人，都在享用相同的数据信息。

德鲁克先生在谈论后资本主义社会的时候说过“信息也没有祖国”，因为在今天，信息也如货币一样跨出了国界。人们可以在不同的国家，借助于信息技术同步了解相同的资讯，同步观看相同的电影，同步获得相同的产品。iPhone6 未能同步在中国上市，竟然会引起消费者的极大不满，我想这件事情，如果在几年前绝对是不可思议的。

用户

同质化市场的第三个要素是用户。对于用户与顾客的认知一直是一个比较重要的话题。互联网的出现让这个话题变得更加敏感和重要。因为从用户的概念出发，免费成为一个你必须要选择的途径，而从顾客的概念出发，服务成为一个你必须要选择的途径。很多时候看到传统企业在纠结，究其原因是无法厘清用户与顾客的区别，但是如果无法厘清顾客与用户的区别，也就无法理解互联网时代的基本特点了。

以小米为例。小米 3 年时间，估值 100 亿美元；联想，30 年时间，港股市值 100 亿美元；诺基亚，拥有 140 多年历史，2013 年 9 月市值 146 亿美元。从这个意义上讲，小米应该算是一个商业奇迹。人们只是非常好奇，小米是如何做到的？最重要的原因是小米了解今天顾客与用户的区别，了解如何找到同质化的用户，进而缔造属于自己的生态圈。

免费的概念一直是对于传统企业的一个困扰，但是小米模式解决了这个问题，在小米看来，库存、渠道费用、营销费用这三个传统企业销售必须付出的成本，小米变成零库存、零渠道费用、零营销费用。同时小米说："我们不打价格战，我们直接降到成本价。"这样的模式是把价值延伸到价值链里面去，寻找全新的价值来源。

再让我举一个身边的例子。我曾经带领团队去京东交流，并请京东分管营销副总裁给团队做了一个报告。报告结束的时候，京东副总裁请我的团队提问，看看大家有什么问题。我的同事第一个问题就是："您讲了很多免费模式，而且你们1000亿销售额也没有赚钱，不赚钱的事情，为什么还要做呢？"我的同事的问题让京东副总裁很惊讶，他很认真地介绍京东的商业模式，非常认真地诠释免费的价值，以及京东模式的价值创造。我当时在现场倾听的时候，知道问题出在哪里了，问题就是出在我们以为我们拥有产品，产品就会带来顾客，而顾客会支付购买，自然可以获取利润。但是我们忘了，用户拥有市场，而不是顾客拥有市场，获取用户的方式是免费，因此如果从赚钱的角度去看今天的市场，那真的会被淘汰。360的董事长周鸿祎就曾经说过，要么方便，要么便宜。

2013年年底，公司开年会的时候，邀请周鸿祎给我们的管理团队讲话，他站在台上问我的同事们："卖饲料可以免费吗？"大家似乎觉得这个问题很奇怪，然后他接着说："其实你可以做一块免费的东西，是给农民做培训服务，解答农民买了东西不知道怎么用；原来是收费，现在你可以拿出一个亿，变成免费，完全可以在手机上给一个农民朋友用的在线专家网络。不管是不是新希望的客户，不管种地、养猪、养羊的都可以用，这不比打一亿的广告费效果要好？"坦白讲，周鸿祎说的，正是我想做的，不过我的同事可能还无法接受，因为免费概念还未能让所有人理解。

不能理解免费并不是一件可怕的事情，可怕的是如果你不理解免费，可能你就真的不理解什么是用户，什么是顾客的区别了。互联网最大的特点，就是要获得用户，就是要保持与用户之间的黏性，小米如此、微信如此、360 如此、阿里巴巴如此。互联网之所以可以让传统企业感受到如此巨大的压力，就是因为互联网企业拥有用户和用户的黏性，能够建立庞大的用户群，并能够很好地与用户互动；互联网公司更理解人性，理解人性所需要的关注。这些公司没有如传统企业那样，首先去想如何赚钱，而是首先去想如何获取用户，其本质就是解决如何连接用户的问题，或者说给用户提供什么产品和服务的问题，只有解决了这个问题，用户才会与你黏结在一起，才会长期黏住，而这个时候，你一定可以找到一些有价值的增值服务，让用户长期依赖你，并有一部分变成你的顾客，从而让你盈利。这就是用户与顾客的区别，先有用户、用户的黏性，才会有顾客、顾客的价值回报。

如上所言，大家可以理解到顾客是有区别的，用户是同质化的。我常常想，如果没有互联网，没有同质化的用户，阿里巴巴还能创造出“双十一”的狂欢吗？如果没有中国线上 6 亿活跃的用户，阿里巴巴会成为全球最大市值的公司吗？如果没有 6 亿的用户，腾讯的微信能够如此迅捷地取代微博成为人们交往的主要工具吗？答案显而易见，如果没有这些同质化的用户，一定不会有这些在今天看来璀璨无比的新兴企业。写到此时，刚好看到陌陌在纳斯达克上市的新闻，一家创立三年的公司，陌陌创始人兼 CEO 唐岩身价约 7 亿美元，如此神速的创富能力，让很多人“羡慕、嫉妒、恨”，唐岩自己在诠释陌陌可以在三年内上市的原因时，认为主要因素是创立时的产品定位比较准确，在大多数社交平台的关系链中，都是把现实的关系转移到线上，而陌陌则是基于网络重新建立新的社交关系。这种完全基于社交用户的视角定位，帮助陌陌脱颖而出。

同质化的进程由于互联网的出现而加速发展。2014 年 11 月，国际电信联盟最新发布的数据显示，目前全球互联网（中国互联网行业发展研究报告）用户已超过 30 亿人，占全球总人口的 40%。国际电信联盟最新发布的报告显示，全球互联网使用率继续稳定增长，2014 年全球互联网用户数量增长了 6.6%，其中，发展中国家增长了 8.7%，发达国家增长了 3.3%。全球互联网用户由一年前的 27 亿人增至 30 亿人。5 年前，全球的互联网用户仅为 20 亿人，而今天全球 40% 的人在使用互联网。

我不能说这些人都会成为消费者，但是有一点需要特别关注的是，这些人的学历、收入和生活方式都非常接近。这些人的消费与国籍和所居住的国家无关，收入水平与消费性质非常相像，他们甚至会通过互联网在同一时间享受同样的信息。腾讯公司官网显示：2014 年 4 月 11 日晚间，腾讯 QQ 同时在线用户数突破 2 亿。我几乎无法想象这个数字意味着什么，只是能够理解，这是一个无限可能的领域，所以之前对于顾客的认识，放在几亿用户面前都是不适用的。

传统企业之所以感到焦虑，正是没有正确预见到这 30 亿互联网用户的理解，正是错过了这 30 亿人造就的庞大的规模市场。今天，除了 PC 端互联网用户，还有一个移动用户数量更加惊人，因为手机用户已经达到 70 亿人，几乎和全球人口总数相近，虽然这并不能说明全球每人一部手机，但是可以说明，手机用户已经占据了绝大多数人群。移动技术和互联网技术，让使用相同终端和平台的人，在认识世界和理解世界的过程中，会越来越接近。而终端设备的普及和应用的便利性，会让人们的生活方式和消费方式越来越接近，这就是我们必须接受的现实。

自主的个体

这一段时间我很关注罗振宇的罗辑思维，与他们交流，总是感受到新鲜与独立，记得看到罗辑思维讲的一个故事：

> 和一个很有名的产品团队聊天，他们很火，到处有人请他们去讲课。“讲课知无不言、言无不尽，还是有所保留？”“当然是掏心掏肺地跟别人讲啊！”“不怕招式被人学去？”
>
> “不怕！第一，分享是一个天生的冲动，我有一个做法很牛地被验证了，那是忍不住要说的。第二，要的就是别人学我们，能成为别人模仿学习的对象，这本身就是竞争力。第三，真正有威胁的潜在对手如果真的是在学我们，其实就是一种放弃本身基因特征和禀赋的行为，越学就越会把自己往沟里带。”
>
> 世界上一切都是有代价的，学习别人也有代价。

我特别喜欢这个故事，也知道这是这个时代个体具有的独特魅力：自信、独立、颠覆和不畏惧挑战。我曾经在很多场合说过自己的一个观点，在互联网技术的背景下，创新不再基于组织，而是基于个人。个人拥有了巨大的信息和资讯，也同时拥有了创造一切可能的机会和能力。这一方面是源于互联网技术带来的变化，另外一方面也是人性完善和提升必然。大部分情况下，人们会用“80后”“90后”来描述这一批人的特质，但是“80后”“90后”的人却认为这些特征描述是错的，因为在他们看来，每一个“80后”“90后”都是完全不一样的。

多元与独立

2013年5月，我开始到新希望六和出任新的职位，这个时间点也是公司开始确定新员工入职的时间，到了7月新员工入职培训开始，8月3日新员工入职培训汇报大会召开，汇报大会也是誓师大会，气氛高昂，一张张充满青春朝气的脸庞，带着期待和向往，让人非常振奋。其中一个环节我记得最清楚，就是请入职新员工讲讲他们的理想和愿望，这些年轻人把自己对成功的期待，对未来成绩的期待描绘得非常清楚，在倾听中让我理解到他们对成功的渴望。2014年相同的时间里，公司迎来了又一批新员工，相同的环节中，年轻人的梦想开始有不同的色彩，有人希望走遍全世界，有人希望吃遍全世界，还有人的理想是生个女儿，女儿一生下来就是富二代。只是两年的时间差，年轻人的追求和梦想就完全不一样了，这就是需要人们关注的变化和事实。

我一直在大学里教书，总是保留与本科生的交流，因为有这样的交流可以让我不至于落后于这个时代，也因有这样的交流，可以让我看到鲜活的个体、蓬勃的动力以及千万种可能。几年前和学生们在一起，我们讲得最多的故事是“一滴水和大海”的故事：

> 一滴墨水在一杯清水里，这杯水立即变色，不能喝了；一滴墨水溶到大海里，大海依然是蔚蓝色的。为什么？因为两者的肚量是不一样的。

故事让学生们了解到需要融合在更大的组织里，也让学生们知道在更大的组织平台里，个人是多么渺小，所以不能够太过骄傲，不能够把自己看得太重，关键是要在一个大的组织平台里，历练成长。今天和学生们在一起，讲得最多的故事是“狗和狼”的故事：

> 有一天，狗问狼：你有房子、车子吗？狼说没有。狗又问：你有一日三餐和水果吗？狼说没有。狗鄙视狼说：你真无能，怎么什么都没有！狼笑了：我有不吃屎的个性；我有我追逐的目标；我有你没有的自由；我是孤独的狼，而你只是一只自以为幸福的狗！

这个故事突出了认知自己以及自己能力的重要性，不管别人怎么评价你都不重要，重要的是自己知道自己的禀赋，自己知道自己能够做和不能够做的事情，自己明确自己需要强化的能力，更重要的是，有足够的自信来抵抗外部的评价。

两个故事也许能说明人们认知上的改变，这种改变带来了个体的多元价值选择，带来了个体独立自主的个性张扬，也带来了整体社会价值观的多元化，所以并不是年轻人的变化，其实这个时代的每个个体都发生了变化。

“只有偏执狂才能生存。”这句话是多年前英特尔公司前首席执行官安迪·格鲁夫的一句名言，我第一次看到这句话的时候，只理解为格鲁夫是偏执狂，而他也因这样才能成功。但是当我接触到越来越多的创业者和专业人士时，发现偏执狂其实是一种个性的表现以及个体价值观。大前研一说过：“‘偏执狂’这个词一般给人一种病态、盲信的印象，但格鲁夫指的是对组织、对他人思想或行动持怀疑态度，这种怀疑态度是积极的，同时也是偏执的。”[22] 我比较喜欢大前研一对偏执狂的解释，这也让我看到一个坚持不懈、持有危机感的人，才可能在这个变化的时代生存下来。

很多时候，我总是想到两个人，一个是褚时健，一个是余佳文，一个是快 90 岁的老人，一个是“90 后”年轻新锐。

褚时健一生的经历让人极其慨叹，褚时健是中国最具有争议性的财经人物之一，曾经是中国有名的“中国烟草大王”。在褚时健效力红塔的 18 年中，为国家创造的利税高达 991 亿元。1995 年他及家人接受经济问题调查时，女儿自杀；1999 年，他被判入狱；在他 73 岁的时候，他从头开始，种出了好吃的橙子，所以今天的他，是一个快乐的果农。褚时健说，犯了错要及时改，而创业永远都不会太晚。[23]

新加坡国立大学 EMBA 的学生有幸到褚老的果园去拜访他，渝涓发回她的学习笔记让我很受启发，节录在这里让大家分享。

褚老为啥种橙

褚老弟弟一直在种橙，但是选择哀牢山这个曾经鸟不拉屎的地方种橙，是因为这里经常发生泥石流，通过种橙，有树抓地，就不再有泥石流了。

褚老如何保外就医

狱中糖尿病严重，三四万乡民筹集款项，咬破手指画押为褚老担保出狱。

褚老如何看待产品标准

例如，今年减产2800吨，因为水不够，为了保证质量甜美，拔掉多余好苗，留下的苗可以保证充足的养分、阳光和宽绰的位置。

褚橙庄园管理方式

2800亩橙园，四个作业长，每个管理十几个农户，为他们分配好苗、好肥、技术指导、利润产生后分成。作业长年薪28万，还给一套好位置的精装房。

褚橙传承

1. 欢迎人才流失。褚老出钱给苗帮助出去单干的免费打造一切平台，只要保证褚橙质量。有位作业长跟了褚老八年，后来单干，橙子非常好吃、甜，现在已经是百万富翁。

2. 现在儿子、外孙女、外孙女婿已经各自承包土地，开始在田间地头培养他们自己的作业长，竞争上位。

面对高科技褚老说

把消费者放在心里，吃橙子的都是普通老百姓，不需要那么多高科技，遵循自然规律、生物链。

这就是褚时健，一位极具责任感，干事情就把事情干好的人。一位农民的儿子，即使一切离他而去，只要有土地，他就是有归属感的人。人们在钦佩他的同时，也让“褚橙”成为互联网时代的一个标志。

一个名叫余佳文的90后创业者在央视一个节目上的演讲视频在朋友圈疯传，标题起的也非常危言耸听：“一个‘90后’，把整个互联网圈都激怒了……”让我也忍不住点进去看完了整个视频。

据百度介绍，余佳文，1990年7月5日生于广东潮州，毕业于广州大学华软软件学院。“超级课程表”、广州超级周末科技有限公司创始人，“90后”创业者。2007年，余佳文自学编程开创了一个高中社交网站；2009年，余佳文入读广州大学华软软件学院。2012年8月，余佳文团队研发的“超级课程表”获得第一笔天使投资；2013年1月，超级课程表拿到了第二笔天使投资。2013年6月，超级课程表获得千万元级别的A轮投资。2014年11月，余佳文获得阿里巴巴的数千万美元的风投。

看视频时被余文佳阐释问题的逻辑吸引，比如失败，主持人问他，如果公司失败了会怎么想？他回答说：“失败了就是败了，从头来过就好，人要学会放下。”比如学历，余佳文认为：“很多人都看重毕业学校，政府单位更是如此。其实，学历只是身外物，一种炫耀的资本，人不能因学历分等级。学历算什么？学历不过是你在高三那年刚好碰上的，比别人牛的那一瞬间。”如管理，他会让员工自己给自己定工资标准，因为在他的逻辑里面，每个人都会努力超过自己定的工资标准，这样反而人力成本最低。他甚至明确地说，公司盈利1亿元要拿来分给员工，害得撒贝宁想去给他打工。[24]

这是一个最不喜欢人家称他为“90后”的“90后”，我也有幸与很多“90后”在一起，的确我们无法去用一个“90后”来代表“90后”，就如我们无法用褚老代表那一代人一样，今天最可以代表人们的就是“多元与独立”，就是每个个体释放出来的创造力和独立性。记得乔根·兰德斯说过的一段话：“现在人类的努力所遭遇到的瓶颈无关知识。困难在于缺乏共识。”[7] 这个观点曾经让我重新审视今天关于人力资源管理挑战的各种观点。互联网技术和信息数据的力量，让每一个人能够充分获得更多的资讯，每一种观点都可以找到信息来做支撑，每一件事情都会有人支持或者反对，形成一个大多数人都持有的观点变得十分耗时，甚至非常困难。我不知道如何评价这件事，但是我知道，我必须接受这件事，那就是每个独立的个体充满了多样性与复杂性。

自由与责任

根据联合国、国际电信联盟、思科等机构的数据显示，到 2014 年全球互联网用户普及率达到 40%，全球互联网用户将达到 30 亿；互联网用户的普及率在发达国家达到 78%，到 2020 年，全球互联终端设备将产生近 500 亿的连接；无论是中国还是全球范围内，人手一机的现象马上到来，预计在 2015 年全球手机用户总数 76 亿，全球人口是 72 亿，中国手机用户总数为 12.24 亿，中国人口数近 14 亿。同时，PC 端互联网用户向移动终端迁移已经成为定局。

移动技术的出现，不仅仅让交流成为更为便捷的方式，不仅仅让商业模式创新变得更加丰富，更重要的是让人的自由拥有了更加厚实的技术基础。很多时候，我自己对技术的理解，总是定格在技术改变生活，技术释放人性的价值上，互联网技术的出现，无疑是让人的创造性得以施展，让人性得以张扬，推动社会的巨大进步的又一次验证。

早年那些杰出的商业领袖无一不深谙此道，也都曾或直接或间接地加以运用。当威廉·休利特和戴维·帕卡德于 1939 年创立惠普公司时，在他们开启硅谷辉煌时代的过程中，二人明确树立了“以技术贡献社会”这一经营目标；比尔·盖茨创立微软的时候，更是要借助于技术的能力，给人类一个看“世界的窗口”。正如戴维·帕卡德所言，众人结成一家企业为的就是“贡献社会，虽然这话听来老套，却道出了事情的本质”。威廉·休利特也曾说过："我们的经营是本着这样一种假设，只要为社会做出贡献，收益自会随之而来。"[25]

为什么这些杰出的商业领袖能够如此确定自己的经营宗旨，能够明确技术带来的价值，就是因为他们深知，技术与人之间的关联，技术本身就是提升和解决人自身能力和困境的。以不断进步的技术改善民众生活这一理想令这些杰出的商业企业饱经风雨而屹立不倒，历经沉浮而发展不辍。1980 年，标普 500 强公司的整体市值几乎完全由有形资产（现金、办公室、厂房、设备、存货等）构成。而到了 2010 年，有形资产在标普 500 强公司的市值中仅占 40% ～ 45%，其余部分则由无形资产构成，无形资产的核心是什么？就是在顾客心目中的价值创造，可以归结为这家公司技术与人组合后的创造价值。

互联网技术与以往时代的技术最大的不同，在于这个技术所带来的效率，以及信息对称的程度已经远远超出人们的想象，信息与数据获取的便利性也远远超过人们想象的程度，更重要的是，这一切发生所需要的成本，也似乎被消化掉了，虽然人们并未清楚是如何消化掉的。所有这些，都让人们的生活方式、思维习惯、行为结果发生了逆转，甚至是颠覆，更加不可思议的是，因为互联网技术，促使人们不得不开放自己，因为互动本身需要价值交换，唯有开放自己，才有可能与其他人互联。

用 IBM 的"智慧地球"概念，在今天，更加透彻地感知，更加广泛的互联互通，更加深入的智能化是环境的基本特征。这一特征，帮助人们更自由地存在，但是同时又要具有足够的责任感，因为没有责任，不创造价值，就不会被环境特征包容，也就无法获取价值创造的机会。

2014 年，我特别喜欢美好团队所做的"统一方便面爱上了美好火腿肠"案例。美好食品是新希望六和旗下的肉食品品牌，美好的同事告诉我，他们一次在火车站等车的时候，偶然看到旅客把方便面里的火腿肠随手丢掉了，职业的责任让他们马上想到："为什么客人会把火腿肠丢掉？

一定是火腿肠不好吃。”想到了就去做，他们决定研发一款让大家在吃方便面时，喜欢吃的火腿肠。

我喜欢这个产品启动的缘由，他们也为自己的想法所激励和驱动，很快产品就研发出来，当他们找到统一食品的时候，两家公司相同的经营理念，以及对消费者负责的追求，让大家组合在一起，统一方便面第一次在自己的盒盖上印上美好火腿肠的广告，而美好食品也第一次与方便面企业跨界组合，产品一推出就卖了 2 亿份，让很多人了解到一个全新的组合，并享受到这份美好，想想都觉得美好起来。

这些努力给美好团队带来的创新能量不仅激励了营销团队，也激励了制造部和其他职能部门，让这家以制造生产为主的公司，具有了全新的质素，也实现了非常扎实的增长，盈利能力一再创新高。更重要的是，我的同事们学会了开放、互联、合作与创新；学会了自由创造的美好，但同时又感受了担当责任的美好。这些成绩对我本人和美好团队的所有主要成员来说都是事业上的辉煌一笔。

对于今天的团队成员而言，一定要了解到他们对于自由的渴望，了解到他们希望独立、打破框框的渴望；同时，也一定要了解到他们愿意承担责任，有能力承担责任的内在价值判断。如果你乐于接受这样的管理理念，你就会有可能，将你的业务与人类的基本理想相联系，你的企业和你个人的事业就能实现惊人的飞跃。想象一下，这将为你、你的员工和你的社群带来怎样的无限可能？

如果你愿意走到年轻族群中，你会发现，他们更善于发现问题，并把解决问题当作商业机会，从而创造出属于自己的一番天地。今天是一个从未有过的创业时代，其根本的原因就是开放的社会、自由的个体、明确的责任。这个明确的责任，就是“改善人们的生活”，无论是那些有着悠久历史的杰出公司，还是今天不断萌发的新生公司，只要去满足人类的基本价值观，只要从改善人们的生活出发，就可以让一家企业获得勃勃生机。

这样的企业，反过来又能支持开放式的业务流程，从而陆续催生更加多样而自由的业务模式。

人人是创客

“人人是创客”是从张瑞敏2014年海尔年会上的讲话中学来的，我觉得这个词很贴切地描述了这个时代个体的核心特征。

2011年，当大家都认为电商已是一片红海的时候，“阿芙精油”诞生了，并用一年时间做到全网第一。阿芙的创始人雕爷被无数淘宝卖家奉为偶像。

2012年，当大家都认为电商红海比2011年还红的时候，6月，“三只松鼠”横空出世，仅仅半年之后，“双十一”单日销售额突破800万元，2013年1月单月业绩突破2000万元，轻松跃居坚果行业全网第一。2014年上半年销售额过亿元，“三只松鼠”的创始人“老爹”——章燎原，石破天惊。

2014年阿里巴巴的“双十一”创造一天销售额超过500亿元的神话时，一个叫作“口袋通”后更名为“有赞”的公司出现在杭州一座普通的大楼里，一群年轻人开启“去平台化”的尝试，创始人“白鸦”，直接被柳传志喊话，打造了传统企业大佬触网的转型神话，“柳桃”带给人们全新的惊喜。

最近5年，我发现自己被一种莫名的力量推动着，朝着创业的方向走去。在陈发树董事长的慷慨捐赠下，与北京大学的何志毅教授，哥伦比亚大学的埃德蒙·菲尔普斯教授一起创立了新华都商学院，新华都商学院致力于创业教育，成为中国第一个获得“创业与创新”方向工商管理硕士学位授予权的院校。当我们与这些创业者在一起的时候，感受到一股又一股的创业热潮以及创业的激情。

埃德蒙·菲尔普斯教授被誉为是现代宏观经济学的缔造者，《大繁荣》

所表达的现代经济理念也能很好地说明这一点。《大繁荣》所倡导的现代经济与传统经济相比，突出的标志就在于创新，这是现代经济体的活力之源。相比效率，创新更能从深层次说明繁荣的驱动力。管理史学家钱德勒在《管理的历史与现状》[26]中曾记载这样一组数据：1911 年福特汽车的销量为 4 万辆，1917 年已经增长至 74.1 万辆，而 1925 年则高达 149.5 万辆。管理学通常把这一经典案例的成功归结于效率的提升，这种效率的提升从理论上可以更早追溯到斯密在《国富论》中的分工思想。费老提供给我们全新的视角，他将福特在这一时期的繁荣视作创新的典型案例，因为亨利·福特拥有天才级的创意：每个人都应该拥有一辆汽车的理想，这种追求驱动了效率工程。由此可见，现代经济体的繁荣除了关注效率之外，还要有更深层次的创新追求，这种创新源于大众又服务于大众。所以费老在书中特别强调了“草根创业”的观点。

我特别喜欢离开央视去创业的李静说过的一段话，这段话出现在《艾问·人物》的对话中。

> **艾诚**：我发现你在这个微博上发出了这样一段话，“一群聪明人一直在探讨或思考最好的办法，结果一直没有出发。但是一群资质平平的人，不知道怎么着就开始了，然后在这个过程当中不停地去调整，最后他们先到达了目的地”。
>
> **李静**：我愿意为自己的想法买单。可能我有一种激情，我能够说服别人相信我。他们常常会说，你心情不好的时候，从李静办公室出来的时候，你会觉得有小太阳，所以我们公司都叫我“正能量”。我们公司有这样一句话，事情在扯皮中度过，节目在混乱中制作，但我们正点播出。

就是这个李静，把乐蜂网做成了国内最好的化妆品电商品牌之一，按照 2014 年乐蜂网和唯品会合并时的估价，李静是用了 6 年多的时间，创造了一家近 1.7 亿元的电商网站。而到了 2015 年，李静说打算这样介绍自己，就是“东方风行传媒”的一家老牌电视公司的创始人，还有一家新公司，静佳化妆品公司的创始人，李静的静佳化妆品公司是 2010 年成立的，目前有 8 个品牌，2014 年的销售额已经做到了 7 亿人民币。

这真是一个不断诞生奇迹的年代，这真是一个人人都可以去实现梦想的年代。我有幸与 9 位导师，5 位顾问联手打造一个让年轻人成功的平台，称为“联合文创”(CCIC)。10 位导师分别是曹日辉、陈春花、陈让、季攀、殷敏、俞文辉、郑南雁、郑宇东、周航、周娟。5 位顾问分别是高翔、张向东、陈长洁、王伟兴、胡传建。15 人与 10 个团队结合的时候，看到一些奇迹正在发生，让我感觉非常欣喜。

“走着旅行”是崔涛、潘江浩、林南三个人联合打造的项目，三个人都有着不同的创业经历，崔涛是资深的户外旅行玩家，潘江浩在华南理工读大学的时候就是创业风云人物，林南是国内顶级设计师之一。“MIX”的 CEO 贾领纲，20 年前主动离开国企，是私享家联合创始人，虽为“60 后”，但创业热情依旧不减。“客如归”的 CEO 楼兴兵，先后在中国电信、埃森哲工作，后来和朋友创立一个 App 的外包团队（bestapp），此后团队发展壮大，分成几个团队，其中包括夜夜团队、客如归，还有一个开发谷歌眼镜的团队。“夜夜”是美食兴趣社交应用项目，其 CEO Leap 是中国最好的 App 开发者之一，参与过多个 App 的开发，还负责优化电信公司的网络。“Kind”基于兴趣的群组社交项目，CEO Mingo，13 岁已是中国最著名的黑客之一，23 岁拿到周鸿祎的投资做了微窝，之后还上过《福布斯》“30 位 30 岁以下创业者”名单，CTO Kenny 是麻省研究生，20 年软件编程生涯，微软，autodesk 高级经理，曾与阿里云核心技术团队创业多年。“梦享网络”的 CEO 李鹤，2003 年在校期间连续创办了“smartx”智能手机下载网站、“装机大王”电子商务网站、购物口导航网站等多个创业项目。毕业后就职于电信，两年后离职创办电信增值业务，年盈利千万元。CTO 苏醒则痴迷于技术的世界，写过微内核操作系统，获邀参加过国内许多著名的技术峰会。COO 马秋楠在校期间参加“挑战杯”获得北京市金奖、全国银奖。“小蛋糕”的 CEO Joy：台湾人在广州深耕 15 年，2003 年第一次接触互联网，在 eBay 淘宝卖耳机、电子零配件。2007 年加入云存储（EWSIDC）创业，2014 年 O2O 创业。“走起”CEO 刘马松是 2014 年毕业的“90 后”，大学期间成立过校园工作室，大三时创立校园旅行社，几个月后营业额突破 100 万，大四开始筹划“走起”旅行。

CCIC 只是一个缩影，我相信在中国的各地，蕴含着无数创业的团队，无数个为梦想去奋斗的人，每一天都会迸发出巨大的能量，每一处都绽放着梦想的光彩。

我们已经遇见了敌人，那就是我们自己。

——引用 1970 年第一届地球日的一张海报

03

第 3 章

组织新属性

巴纳德告诉我们，**组织基于合作，而合作基于个体生存的需要，组织是由于个人需要实现他自己在生理上无法单独达成的目标而存在的**。为了生存下去，这种合作系统就必须在实现组织目标方面是有效果的，而在满足个人动机方面是有效率的。**巴纳德有关合作系统的概念，解释了“组织目标处于核心地位”的思想并表明了组织的属性，就是个体目标与组织目标的一致性**。他深信，只有组织目标的制定，才能使环境中的其他事物具有意义，组织目标是使所有事物统一起来的原则。[27]

管理学界几乎一致认为，巴纳德关于组织理论的探讨，至今几乎没有人能超越，西方管理学界称他是现代管理理论的奠基人。我也是从巴纳德处理解组织的属性的。但是互联网的出现导致个体能力改变，对于组织属性的理解，需要在一个全新的视角下进行，虽然我们依然需要明确组织目标的核心地位，组织是为了实现目标而存在的，但是，也需要理解组织属性的一些根本性变化，这个变化就存在于个体不再如巴纳德所描述的那样：“**组织是由于个人需要实现他自己在生理上无法单独达成的目标而存在的。**”互联网时代恰恰是相反的情形出现，**组织是由于组织需要实现它自己无法单独达成的目标而存在的**。简单一点说，**互联网出现之前，个体要实现个体目标一定要依附于组织；互联网出现之后，组织要实现组织目标一定要依附于个体**。这个表达不一定完全正确，但的确是想说明组织属性在互联网时代，发生了根本性改变，这个根本改变让组织具有了全新的属性：平台属性、开放属性、协同属性、幸福属性。

平　台　性

在组织管理中，管理者的角色一直是明确的，用明茨伯格的观点，他认为管理者的角色分为三个[28]（见图 3-1）。

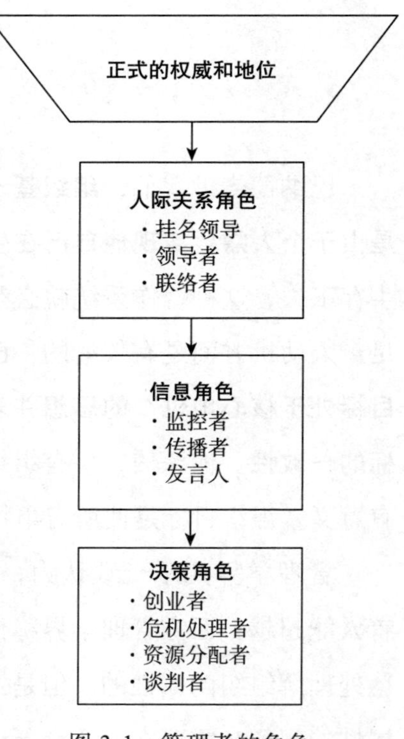

图 3-1　管理者的角色

明茨伯格非常清晰地确定，管理不是这些角色中的任意一个，而是所有角色。管理是控制、行动、处理、思考、领导、决策以及更多。管理不是这些角色的简单相加，而是由它们融合而成。我们就沿着明茨伯格对于管理诠释的视角来思考，也许管理者的角色没有变化，依然如明茨伯格界定的那样，但是被管理者的角色变了，他们更在意参与决策，对称的信息交流，以及互动的人际关系。

因此对于今天的组织来说，平台属性就显得极为重要了。组织的平台属性，表现为信息共享与责任固化。

信息共享

我自己就是一位首席执行官，让我感受最深的是，我的同事们更希望直接与我沟通，而不是通过正式的组织渠道来获取信息，当我与年轻人在一起的时候，他们会强烈地表达，有希望直接见到我的愿望，因为在他们看来，这样直接的面对面沟通，会更能够让他们展示自己的才能，也更能够明确公司的战略和方向。但是，我遇到的困难是，公司拥有6万多名员工，如何让大家能够保持沟通，成为一个重要的话题。

按照原有的组织管理习惯，一定是按照层级以及组织信息传播的方式进行沟通，而今天成员要求打破组织的壁垒，要求彼此之间有机会“保持接触”，要求能够直接对话，很多公司设计开放式办公场所，有的公司还会开放所有会议，只要成员需要，就可以参加会议，这样的安排，让大家充满激情。因为信息对称本身，也是激励本身，人们会因为拥有对称的信息，感受到安全以及被信任，因此也可以激发大家的积极性。

在一个组织中，人们总是关注信任关系的建立，而建立信任关系的感知，就是是否可以获得对称的信息，是否可以建立一种平等、亲切的沟通氛围和组织形态。我一直欣赏那些拥有亲密无间合作关系的团队，并不是因为团队成员之间的一致性，而是因为团队成员可以开诚布公地交换信息，这种交换本身带来了彼此的信任，并协同彼此完成很多在个人看来无法完成的任务。

在我们的身边，你很容易看到这样的组织，这些组织最大的特点是充满活力，每个成员都在贡献各自的价值，大家在一起共同探讨如何展现各自的能力、天赋和资源，我也曾经在这样的组织当中，只为了去感受用平台属性去打造组织的魅力。我们四个人在南京，因为一个特殊的机缘组合在一起，然后我们决定一起去创造一个“梦想空间”。当我们把这个理念转化为一个组织平台设计的时候，在短短的两天时间里，就有超过40人申请加入。大家欢快地贡献着彼此的智慧、资源和能力，以一个极快的速度组合着成长的要素，每个人把各自的信息交流到这个平台上，让一切变得容易起来。现在这个小小的空间，正在按照每个人的梦想组合，很快可以看到“梦想空间”变成现实。

在内心深处，每个人都渴望获得对称的信息，都希望可以真正分享到组织内部的一切，进行坦诚的交流。传统的组织，为了确保组织目标以及资源的稀缺性得以有效使用，所以信息交流本身就被赋予了权限，也因为层级设计的缘故，成员也无法真正做到平等地沟通、对称地交流。

互联网是经济与生活变化的主要驱动力，它在改变人们生活的同时，也重塑了社会与组织，互联网还在继续发展，它已经切切实实地改变了人们的生活和工作方式，最大的改变是组织中的个体生存方式发生了根本改变，因为通过文件共享、博客、微信、社交网络等大量的协同信息，使创造力得到进一步提升，让个体显现出更加独特的价值能力。如果可以让人们拥有对称的信息，创造力的释放将会带来不可想象的空间。

宝洁公司利用外部科学网络在公司外部产生了35%的新产品，三年前这一数值还是20%，这使每一位研发人员的销售量增长了40%。通过在线的通力合作，世界各地的程序员自愿合作参与的源代码开发项目已经超过10万个，比如Linux，传统软件因此受到挑战。拥有上万个活跃用户的阿里巴巴，相比零售商店，已经创造了“自助”的模式。这些奇迹几乎每一时刻都在诞生，你看到身边的一个又一个创业故事，正是个体释放能量的现实表现。

组织中的每一个人，不论其职位高低，能力与职位如何，互联网都会让你在瞬间获得来自各个地方的大量信息。任何创意都能在瞬间传遍全世界，而不要花费数月或者数年时间慢慢渗透传播。这一切导致了组织需要提供足够的信息交流机会给每个成员，唯有这样，才可以让成员能够与组织组合在一起。

责任固化

一家好的公司一定会在员工职业生涯管理上做出规划，20世纪50年代传统导向的“组织人”对成功有一个清晰的定义，甚至可以简单地认为就是获得组织认可，并承担更高的职责，获得更高的职位。然而，企业环境的改变，组织各层级成员被迫重新去理解“职业生涯成功”的定义。人们甚至会反问自己，职业生涯的成功是职位的成功吗？职业生涯的成功是工作满意度吗？职业生涯的成功是技能和学习的成功吗？职业生涯的成功是收入提升吗？

从过去的经验而言，职业生涯的成功的确以职位升迁为依据，因为这是可见、可度量的，但是，在今天，人们对于职业生涯的成功定义的理解完全改变了，很多人甚至会认为，自由地控制自己的时间是职业生涯成功的标志，人们不再认为向上升迁是成功的标志，而个性化、多元发展才是成功的标志。

职业生涯管理的核心，是“关注个体”，所以它也是组织用来解决与个体关系的方式方法，在传统的组织里，这项工作常常被认为是组织的职能并由管理者来承担，企业会设定一个“指导者”来完成这个功能。我在华南理工大学工商管理学院工作的时候，也承担过年轻教师的指导工作，这个机制的建立，的确有利于老教师向年青教师传递知识、经验和技能，我很高兴有机会与曹老师、张老师一起成长，她们今天已经成为非常优秀的老师，在各自的领域里胜任自己的工作。我自己也很愿意与其他老师分享，所以也在非正式的情形下，辅导过段老师、黄老师，同样，他们一样成长得非常顺利，并且今天在自己的岗位上发挥着重要的作用。

但是这样的指导者与被指导者的关系，并不能够解决组织与个人成长的问题，一方面需要指导者与被指导者有着足够的认同与默契，另一方面需要知识与技能的变化速度导致指导者与被指导者的界限越来越模糊。因为，互联网改变了个人与组织的关系，改变了个人与组织的力量对比，也同样改变了指导者与被指导者的力量对比。今天的组织，更像是蜂巢，CEO 只是一个象征性的存在，犹如蜂巢中的蜂王，每一个成员都高度自治，自我承担职责，组织甚至不再能够界定核心员工，每个成员都需要发挥各自岗位的关键作用。

张瑞敏在海尔内部倡导新的组织管理理念："企业无边界、管理无领导、供应链无尺度、员工自主经营。"这一切都是为了让个体和组织组合的时候，符合互联网的组织管理要求。在华为倡导让听得见炮火的人做决策，小米科技提出的合伙人组织，扁平化管理，去KPI驱动，提倡员工自主责任驱动。美的集团也在2015年在家电行业率先推出合伙人制，帮助美的具备扁平、高效、精简的"小公司"特质，具备奋斗、敬业与超强执行力的"创业公司"特质，需要具备开放、进取、有激情、有事业冲动的"新公司"特质。

最近看到对于华为管理特征描述的一个评价，我觉得非常形象："流程固化，人员云化。"任正非把华为的组织打造成为"云"，通过流程让人员活化，并能够让彼此交互与协同。比如华为著名的"铁三角"组织模式，将原来前线的一个客户经理对客户的模式，调整为以客户经理、解决方案专家、交付专家组成的三人小组。这样做的好处显而易见，原来客户经理接触客户，而后再流程化地呼唤后方的解决方案专家和交付专家，内耗非常多，现在三个人共同解决客户的问题。

因此对于一个组织而言，需要让成员之间可以互动，而不是固化在各自的岗位范围内，让每个成员能够高度自治的同时，又能够与其他人共同工作，这样才可以创造尽可能大的价值。比如微软现在放弃了员工分级制，认为任何层级的员工将来都可以变成组织运行的中心，这样的调整让成员之间有非常好的互动，并构建出新的价值关系网络。

开放性

互联网深远地影响着消费者与生产者之间的关系，这使得互联网不仅仅是一种全新的渠道，也不仅仅是一种广告媒介，或者一种新的交易方式以及便利性的获得，互联网对于每一个企业而言，它是一种全新商业秩序的基础，也是一种全新价值链秩序的基础。一方面，互联网授予了消费者前所未有的权力，在消费者的需求驱动下，任何一个组织都不得不开放自己，融合在互联网缔造的全新价值网络中，重新界定企业的价值。另一方面，互联网授予了个体前所未有的能力，在个体价值实现目标的驱动下，任何一个组织不得不开放自己的组织，让组织融合在互联网缔造的全新价值网络中，重新界定组织的价值。

动态组合

传统的商业环境中，企业组织内部，以及企业所在的价值链体系中，都是一个封闭的环，成员之间是一种串联的关系。互联网时代，成员之间是一种网络的关系，各个点之间互联互通，成为一个有机的生态圈，成员既独立又包容，因此，开放、合作、共享是互联网组织形态的基本生存法则。企业与企业之间，企业内部成员之间形成各自独立、彼此互依、互动交流的有机体。

当我们了解到这一点时，我们必须面对一个无法回避的事实：在互联网情形下的成员，都是如德鲁克所言的“知识型员工”，这些知识型员工因其能力与知识，一定会要求组织开放边界，让他们能够在组织中感受到独立与价值创造的可能。

在我讲授“组织行为学”的 20 年间，感受最大的变化是新组织形式的出现，我们很习惯于一种相对明确边界和稳定结构的组织，比如直线式、职能式，到了矩阵式，很多企业就会产生混乱，甚至无法让组织有效展开工作，产生很多内耗。事业部制的出现，的确培养了经理人，并让企业得以快速扩展，但是也出现了事业单元之间不合作、诸侯割据的情形。不过以上的组织形式，依然是在一个层级结构之中，对于管理者来说，相对可控也好理解。随着信息技术的出现，尤其是互联网技术的出现，一种新的组织形式“虚拟组织”演化出来。

我接触“虚拟组织”应该算是非常早，那个时候还没有这个名称，因为管理研究与咨询的缘故，经常要和不同的人组成不同的项目组，小组成员有企业内部管理者，也有学院的老师，还有其他机构的专业人士，我们为了解决一个具体的问题而组合在一起，当任务完成后，这个小组自然解散。虚拟组织的好处是可以为具体目标组合合适的成员，能够高效工作并发挥每个成员的作用，同时可以根据任务的需求不同，动态地组合成员，并降低成本。

虚拟组织以往比较少在正式组织里运用，但是今天则需要在正式组织里广泛运用。设立虚拟组织的驱动因素有两个，一个是顾客需求导向，一个是员工需求导向。按照传统的组织设计习惯，组织设计的基本依据是分工与职能，所以在大部分的企业里，组织结构表现为层级与职能专业化的纵横关系，纵向是权责的分配，企业的经营绩效在纵向分工中界定清楚；在横向分工中，把企业的资源专业化地运用好，这样可以保证组织的效率和绩效的结果。

但是这个组织设计最大的局限性，就是忽略了组织中的个体，组织设计完全是按照组织目标和组织资源展开的，忽略了人在其中的需求与作用，因此，也有人说，组织是泯灭人的个性的，从这个意义上讲，似乎也成立。只是当组织成员对自我的认知更加清晰，拥有的能力和信息更加全面的时候，个体并不愿意固化在这样一个组织里，成员需要新的组织形式出现，所以跨部门的小组、跨职能的小组、项目管理以及创新社区等组织形态层出不穷，也就是说，虚拟组织正式化成为一种趋势和现实。

新希望的“新创 E”就是一个在正式组织里的“虚拟组织”，这个社区的设立，就是为了让有创意的组织成员能够被发现，让有创意的想法能够运用到企业的经营当中。这虽然是一个小小的社区，但是可以开放到新希望体系内 8 万多人当中，每一个成员都可以运用这个组织平台，贡献自己的创意。

“新创 E”是新希望集团的创新事业孵化平台，由集团创新与信息部（原创新与电商事业部）牵头打造。围绕着“文化创新、点子孵化、项目成立、孵化运营、商业运营”五个维度，以一亿元创新基金为助推器，新创 E 平台致力于为新希望集团营造创新文化氛围，为所有热爱创新的小伙伴提供创新培训、互动交流、方案评审、申请通道、实施跟进、内外资源整合、资金支持等一条龙的创新创业孵化服务。

项目于 2014 年 6 月下旬正式启动。2014 年 11 月正式上线以来，开始在集团内部试验推广，截至 2015 年 3 月底，平台累积注册用户近 900 人，发布点子 1333 条，用户遍布新希望集团各大板块。新创 E 平台采用线上与线下相结合的运作方式，线上创新孵化社区以移动端（安卓版和苹果版 App、微信公众号）和网站端为呈现载体；线下创新运营网络以项目管理团队以及配套管理机制为核心，向集团各事业板块分子公司布局管理网点。

项目运营团队以平台管理员 @ 创 E 小秘书账号为窗口，策划执行了丰富多彩的活动。

（1）点子周报和点子评审：每周收集优质点子并汇编为点子周报发给订阅周报的大 V 用户评阅，组织第一届点子评审大会，评选出 90 余位活跃用户和 230 条优质点子，集中统计人气较高的主题包括品牌建设、鸭血产品开发、生态观光农业、内购平台、创意营销等。

（2）英雄帖悬赏活动：不定期组织线上创新主题活动，广泛征集大 V 用户实务需求并发布英雄帖，如“为烤肠征名”帖送出了 7 份烤肠以奖励优秀的创意提案，“新 · 创美好杯”精英双百创新大赛作品征集帖收获了数十份商业策划方案等。

（3）线下创新宣讲、创新大赛：联合集团人力资源部、新希望六和商学院、新希望六和人力资源部以及禽肉事业部等进行创新宣讲、策划组织员工创新大赛活动；更好地利用了股份以及集团总经理大会等场合，举行创新大赛颁奖、播出新创E出品的创新视频、组织创新擂台赛等事件活动，每个环节都植入了新创E和创E小秘书的品牌形象，收到了较好的效果。

价值网络

2009年，任正非又开始酝酿新的改革。这一年，在极端困难的外部条件下，华为经受住了考验，全年销售额超过300亿美元，客户关系得到进一步提升。在内部，也同步开展了组织结构和人力资源机制的改革，确定了“以代表处系统部铁三角为基础的，轻装及能力综合化的海军陆战队”作战队形，培育机会、发现机会并咬住机会，在小范围完成对合同获取、合同交付的作战组织以及对中大项目支持的规划与请求。

原来，随着时间的流逝和组织的放大，拥有太多权力和资源的华为决策机构远离战场，同时为了控制运营风险，自然而然地设置了许多流程控制点，而且不愿意授权，滋生了严重的官僚主义及教条主义，导致最前线的作战部队，只有不到1/3的时间用在找目标、找机会以及将机会转化为结果上，大量的时间是用在频繁地与后方平台往返沟通协调上。面对越来越大的市场，战线不断被拉长，战机的稍纵即逝留给华为调动资源的时间越来越少，一线必须拥有更多的决策权，才能适应千变万化中的及时决策。

铁三角的精髓是为了目标，而打破功能壁垒，形成以项目为中心的团队运作模式。相应的流程梳理和优化要倒过来做，就是以需求确定目的，以目的驱使保证，一切为前线着想，共同努力地控制有效流程点的设置，从而精简不必要的流程，精简不必要的人员，提高运行效率，为生存下去打好基础。权力的重新分配促使华为组织结构、运作机制和流程发生彻底转变，每根链条都能快速灵活地运转，重点的交互节点得到控制，自然也就不会出现臃肿的机构和官僚作风，这是华为打造的内部价值网络。

组织如何解决资源向承担绩效的人倾斜，向顾客倾斜，这是今天企业应对快速变化的核心。大部分情况下，很多企业无法面对外部的变化，是因为企业的内部资源集中在少数人手里，集中在与市场和顾客非常远的地方。华为提供了一个解决方案，让内部的资源可以有效集聚在市场一线和面向顾客，拥有了一个内部价值网络。

但是，这样的一个内部价值网络，并不容易建立，因为**内部价值网络建立的核心是要对权力进行重新分配**。往往这个时候，会让企业内部非常痛苦，一些既得利益被打破，一些过去的经验被调整，一些资源被重新分配，这些改变都会带来很多人的不满或者反对，甚至有些高层管理者，包括企业家在内，会认为是在否定过去所取得的成绩。因此，如果你想在内部构建价值网络，把后方变成系统的支持力量，让资源汇集到一线和顾客端，需要首先高层管理者和企业家能够沿着流程授权、行权、监管，来实现权力下放，要有真正对一线和顾客端的重要性认知，要能够控制高层管理者和企业家自己拥有权力的欲望。

企业在打造内部价值网络的同时，需要构建外部价值网络，对于今天的企业而言，**开放结构而非建立壁垒是极其重要的组织管理要求**。能够因应市场变化与技术变化的企业，都会让自己融入一个生态系统中，你中有我，我中有你。

我们很难说阿里巴巴是阿里巴巴的，应该说阿里巴巴是成千上万在其上开店的商户的，然后会是上亿的线上消费者的，之后是众多投资者的，最后还有马云和阿里巴巴人。我们也很难说小米是小米的，小米构建了一个健康的生态链，从“米粉”到供应商，从产品到服务，从硬件到软件，三条价值链贯穿而成的价值网络，让小米以极高的速度获得消费市场和投资市场的双重认可。

互联网时代为什么传统企业集体焦虑，其核心在于传统企业的结构是层级结构，内部壁垒重重，以对外控制为主，根本无法开放结构，如果无法开放结构，也就无法与别人互联，自然被市场淘汰。2014 年我主导公司内部主营业务的组织变革，一方面划小经营单元，另一方面做产销分离，让内部价值网络得以构建，在这样的安排下，我们有机会和京东、永辉、真功夫等企业建立全新的合作关系。2015 年我启动新希望六和的组织平台转型战略，在主营业务继续划小单元基础上，开设新事业平台，分别设立了农村互联网金融、食品投资控股、养猪服务、2030 计划，这四个平台打造不到 3 个月的时间，我们有机会组合价值链上的优秀者，包括雷军的顺为资本、郭广昌的复兴、海尔投资。

2014 年 6 月 27 日，Web 设计师 Manu Cornet 在自己的博客上，画了一组美国科技公司的组织结构图。在他笔下，亚马逊、谷歌、Facebook、微软、苹果、甲骨文 6 家公司的结构跃然纸上（见图 3-2），看着错综复杂的关系网络，你可以理解这 6 家公司所具有的价值创造能力。

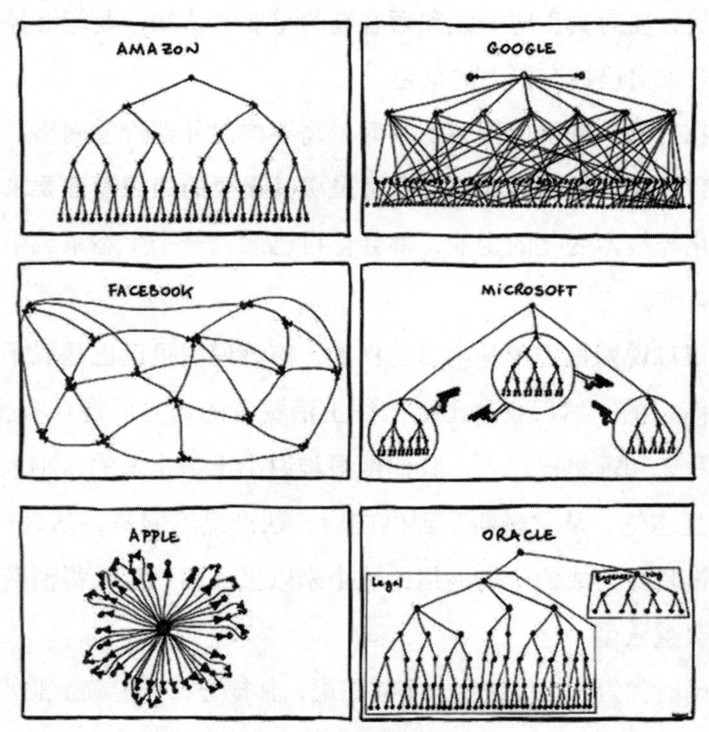

图 3-2　6 家美国科技公司结构图

《第一财经周刊》也如法炮制了一份中国 6 家科技公司结构图——百度、腾讯、华为、联想、阿里巴巴、新浪，而这 6 家公司虽然风格各异，而价值网络的构建，帮助这 6 家企业获得属于自己的竞争优势（见图 3-3）。[29]

图 3-3　中国 6 家科技公司结构图

这些结构图虽然有点漫画的特质，但是可以很直观地让我们了解这些科技公司，构建自己的价值网络，做出相应的努力。不同的价值网络，显示出公司不同的核心能力。

我尝试过一次构建价值网络的魅力。刚好在 2015 年母亲节前夕我需要出版一本关于母亲的书，我就和出版社讨论是否可以用“众筹”的方式发行，开始的时候，大家觉得时间紧迫，加上没有经验，所以建议还是用传统的渠道发行。但是，我想看看价值网络的能力，所以我决定继续找不同的人讨论，我找了文辉，文辉是 VChello 微投网的创始人，他有着非常强的创新能力，他又找来了 VChello 投资运营总监国俊，粉丝魔方创始人吴勇，原 1 号店副总裁文妍，上海兰渡“90 后”创始人婷婷，深圳互娱公司创始人程皓，太合麦田副总雨豪，海聚游学“90 后”创始人韵怡，机械工业出版社袁璐、白婕，南京品成创始人渝涓，还有佳妮、Roc、汪一一，云客互动创始人春霞、运营经理 Seven Lv，优米创始人陈第，家政无忧创始人健强，[泡啊]汉草荟创始人叶轩，免签精选游创始人婷然，狮吼网创始人周池，还有一些幕后的朋友一起参与设计，结果发出第一天就完成众筹的目标，给出众筹的时间是 26 天，到第二天的时候已经超过目标的 120%。这个过程让我切身感受到价值网络的力量，同时也了解到价值网络的建立，是需要找到价值点，以及足够的开放度。

协 同 性

由于个体对自我认知的改变，以及环境与技术的迅猛发展，组织管理重在维持一个庞大而复杂的协作体系，组织中并不仅仅是一群人，也包括组织外的各个成员，大家需要协调、配合着去完成一系列活动，才可以应对变化。我们需要清楚地理解，**组织中的任何一个成员都是独立的个体，但其活动是非个人性质的，其依存于整个组织的活动，和组织的其他成员以及整个组织活动休戚相关、相互联系、相互影响**。这恐怕是今天组织管理最为不同的地方，因为在互联网出现之前，组织中的个体并不是独立的个体，他具有组织的属性，但是互联网出现之后，组织中的个体是独立的个体，同时具有组织的属性。这样就要求，一方面尊重个体的独立性，不能简单采用管控的方式，另一方面需要协同人们的行为，让个体与组织能够融合，做到这两点需要流程重组与目标导向。

流程重组

我参加过嘉吉在中国的一个小型行业研讨会，2015 年将迎来嘉吉 150 周年，嘉吉中国区总裁罗伯特在介绍嘉吉 2014 年与 2015 年的发展策略时，用了“顺势而为”来表达，其根本的做法就是在全球建立 5 个共享中心，帮助嘉吉在全球的员工。这五个共享中心，可以让后台支持部门更加专业化、更加有效地服务业务部门。我和罗伯特交流时感受到，共享中心的建立，会让嘉吉公司员工协同工作的效率更高，同时每个成员可以专注发挥自己才能。而这五个共享中心的设立，一定让嘉吉公司的流程可以使整体策略得到更好的贯彻。

流程最大的作用，是可以发挥促进作用以便获得必要的努力。如何促成组织中每一个成员的个人努力，是组织管理需要付出极大努力的职责。这主要体现在以下两个方面：一是促使成员与组织建立协作关系；二是促使成员加倍贡献力量。组织管理如果要得到这方面的效果，就要做到巴纳德所强调的两点：第一，引发成员对于组织的兴趣，使他们加入组织；第二，想方设法地采取各种措施和手段提供条件与帮助，使成员能够同组织建立协作关系，力图使其成员为组织加倍地贡献力量。后面这一点，正是流程需要完成的功能。

我总是记得最早看到三星案例时带给我的震动，虽然这是十多年前的案例，但是今天读来依然有很大的启发。在 1992 年尹钟龙上任之初，三星电子的整个业务流程效率低下，尹钟龙因此实施了 PI（工艺流程革新），消除这些业务流程中产生的效率低下因素。引入 SAPR/3（德国 SAP）公司研制开发的软件——此软件也被 IBM、惠普等美国超一流的 IT 企业引进，作为管理全公司资源的系统。推进此软件实施的前提是所有的业务标准化，因此尹钟龙在 6 个月的时间里，从产品条形码，到会计项目的所有业务的标准化上都下了很大的功夫，并获得了很大的成功。此后，从接受订单到出货，从 60 天变成 9 天。尹钟龙的革新速度非常快。在 1996 年年底重新执掌三星电子以后，尹钟龙又推动了六西格玛运动。六西格玛运动从三星电子管开始不到一年的时间，就获得了“精密技术振兴大会总统奖”。

对于库存，尹钟龙尤为用心，他从书店的库存管理受到启发，开发了VMI（供应商管理库存系统）。这种系统就是由零部件供货人（与三星合作的企业），以自有的费用管理库存，而零部件的使用者三星电子，则按照实际使用的产品数量来支付款项，即事后结算。换句话说，合作企业的仓库算是建在三星电子的工厂里边。为了供货渠道的畅通，三星电子在12个星期以前，就要向合作企业通报所需要的零部件名称和数量，必须提前4个星期向这些企业通报确切的数量。对供货商来说，可以提前制订生产计划，保证适当的库存量，而三星电子，则没有必要再建造原先自己管理库存量时所需的仓库。三星电子的移动电话走向市场，很快成为世界第二大移动电话生产商，这跟“零库存”管理分不开——1999年，三星电子的SCM和ERP上马，以三星电子在世界各地的法人机构为对象，全面落实，覆盖了从半导体器件到移动电话的所有品种，DRAM和移动电话的库存时间是两天。三星为打造这一维系国内外所有生产、销售法人的管理系统，就投资了一兆以上韩元。流程重组给三星带来了革命性的变化，让流程上的每个成员有效地协同工作，协同带来的效率提升，使得20世纪90年代的三星一跃超过索尼，成为全球最大的电子企业，而其手机产品也一样占据全球第一的位置。

面对互联网的冲击，海尔集团首席执行官张瑞敏曾总结说：“近几年来，海尔主要做了一件事：流程再造。归结起来就是两个转型：一是商业模式的转型，就是从原来传统商业模式转型到人单合一双赢模式；二是企业的转型，就是从单纯的制造业向服务业转型，从卖产品向卖服务转型。”

张瑞敏如此解释“人单合一双赢模式”，“人”是指企业的员工，“单”表面上是订单，但本质上是用户，包括用户的需求、用户的价值，也就是把员工的价值与用户联系在一起。“双赢”指员工不根据完成上级任务的多少和好坏拿钱，而是由员工为用户所创造的价值决定。人单合一就是每一个自主创新的主体与第一竞争力的市场目标的合一。

员工不再根据上级下达任务完成的多少和好坏拿钱，而是以创造的用户价值来体现自己的价值。人单合一双赢模式对这个难题的解决方案是，给员工提供一个创新的空间和平台，让每个人的价值和为用户创造的价值挂钩，没有职位和工资的高低，只有价值的大小。**员工能力高低不是由领导评价，而是由市场和用户认可，形成每个人创新空间的平台，自己的成果自己说了算，是自驱动而非他人驱动。人单合一的目的就是为了使每个人能够不断自创新、自驱动、自运转。**

这是两家传统的制造企业，但是它们都在寻找与互联网环境相适应的组织模式。

目标承诺

目标的制定和分解是组织决策过程中的一项重要工作，同时更是经理人员理所当然地要承担的重要责任。除此之外，目标还是协同大家一致行动的根本要素。经理人员不仅要制定目标，还要设法让组织的所有成员都接受这个目标，经理人员在制定目标的时候，一方面自己要承担责任，一方面要将部分工作授权给其他管理人员来完成。这样一是可以减轻经理人员的工作负担，更重要的是会使组织的其他管理层以及一线工作人员能够对组织目标有更清楚的了解和认识。制定目标毕竟只是一种手段，制定目标的初衷就是为了让其能够实现，最终能促进组织的发展。

我关注到一种工作会议的方式，是沃尔玛创造并应用的，称为联合工作会（joint practice session，JPS）。JPS最初是由山姆·沃尔顿发明的，并在沃尔玛得到了应用及发展。之后被乔布斯在苹果奉为经典，后来又为艾伦·穆拉利（Alan Mulally）所用，带领福特汽车成功走出困境。拉姆·查兰认为在打造组织灵活性方面，JPS 是他见过的最有效的工具。

山姆·沃尔顿驾驭企业的法宝就是 JPS。他会把公司的核心高管，包括店长和采购、物流及营销等主要职能负责人，聚集一堂，共同探讨如何在日常工作中践行公司的宗旨：天天平价。与会人员聚焦在以下几个问题：哪些商品顾客想要，但我们没有？哪些商品我们有，但销路不畅？与竞争对手相比，我们的价格水平如何？为此与会人员会定期寻访竞争对手的门店，随时掌握第一手信息。此外，还有多少顾客空手而归？在我看来，这个会议的核心是让每一个目标能够成为所有与会人员共同讨论和界定行动的标准，以确保人们行动之间的一致性和协同性。

我参加过很多公司的经营分析会或者工作会议，每次参加会议就会让我有冲动去改造它们。大部分中国公司的每周例会及每月经营分析会其实都是下属对上级的汇报，几乎没有团队协作的成分。不仅枯燥无味，而且费时费力，这些会议甚至让人心生不满，也让人采取应付了事的态度。经营分析会重点关注的是当期预算完成情况，人们总是习惯汇报指标，然后做原因分析。没有完成指标的人，会觉得没有面子，完成指标的人会兴高采烈。但是通常在这样的会上，人们并没有真正解决问题，相反，仅仅是信息通报而已，大家既没有学习到技能和优秀做法，也没有得到相应的指点；而上级也只是就事论事，把自己的观点表达出来而已，对下属的士气、业务重点以及彼此协作关心甚少。结果就是，会议上都是一些程序性的表述，甚至有些经理人把准备材料的工作交给下属或者秘书来做，根本就没有认真思考，也就不可能整理出属于自己的思路和解决方案。

如果仔细分析如此开会的原因，就是人们并没有用一致的目标来衡量，也没有对各自所承担的目标做出承诺，因此也就无法达成协同，并让参加会议的人获得收效，结果这样的情况成了恶性循环。

我也在调整所在公司的月度会议和工作会议，希望引用 JPS 来调整大家的会议习惯，并希望改变会议的形式以取得效果。JPS 会议与大家习惯的会议不同之处，就是在于能够让目标来界定行为，每一次会议就是一场比赛，每位参会的成员都是运动员，都在时刻响应客户需求，承诺目标的要求，随时调整自己。在会议上，大家要能够当场做出决策，及时解决冲突，这样才可以使整家公司变得非常灵活、非常高效。比如，公司推进“福达计划”，一个关于养殖效率提升的计划，当发现需要提升养殖户的经营能力时，经营管理部的负责人就会主动请缨，确保安排专职人员负责这个问题的解决。这样的会议机制能让每个人都能着眼于外，以客户需求及市场竞争为出发点；还能让每个人都能从全局出发，着眼于企业整体利益，有效打破条块分割的部门隔阂。尽管大家仍然各司其职，但协同作战的习惯已经成为“福达计划”的文化。市场技术部、经营管理部、技术部以及区域单元的协同，成果自然水到渠成。因为策略对路，新希望六和在养殖户技术服务部分，在同行业中一直处于领先地位。

幸 福 感

互联时代的企业必须面对这样一个重要的现实：在复杂多变的社会背景下，传统的人力资源管理方式已经逐渐对员工频繁跳槽、人际间冲突、工作倦怠等问题失去效力，变得无能为力。如何对员工进行有效的管理，激发其工作积极性与主动性成为所有企业需要思考的问题。实际上，管理者首先要了解员工的需求及工作的动机，才有可能采取合适的管理措施。“工作不创造幸福，但有助于得到幸福”[30]，博德洛与戈拉克将工作解释为员工获得幸福的一种媒介。在某种程度上，工作是员工能力得以充分发挥的一种重要渠道。为了获得赖以生存的工资收入、获得自身的充分发展，人们选择了工作。然而，如果工作本身仅仅是作为获得幸福的一种媒介，则不能解释工作场所中出现的类似组织公民行为等现象。人们选择工作还存在着另外一种动机，就是希望能够从工作本身中获得幸福感。William James（1902）曾说“事实上，如何获取、如何保存以及如何恢复幸福是所有时代绝大多数人的行为的背后动机”[31]，员工行为背后的动机也是如此。在现今大力鼓励创新的时代，尤其是那些着重于创新的企业，每年都要进行一系列创新项目，但项目失败率显然会使员工的情绪低落、内心痛苦。管理者就更需要关注与思考如何提高这些知识型员工的幸福感。

研究表明，幸福的员工比不幸福的员工有更多的工作成效，更具稳定性也更有生机活力[32]。员工幸福感在今天已经成为影响员工工作热情和积极性的重要指标，表现在年轻人为主的公司会越发显著。

组织支持资源

组织支持资源是一种由组织提供给员工的包括物质与精神形式的奖励。组织支持资源涉及物质的、心理的、社会的或者组织的多个方面。它不仅可以促进员工工作目标的实现，激励个人成长和发展，而且，能够满足员工的社会情感需求。**如果员工感受到组织愿意为他们提供多方面的支持，那么员工就会为组织的利益付出更多的努力。企业管理实践已经表明，组织为员工提供的资源并不仅限于工作相关的资源，还包括为员工个人及家庭提供相关的资源**。例如，通过组织支持资源帮助员工解决生活上的问题，为员工提供的丰富的物质资源以及福利待遇，从衣食住行直至婚姻、老人健康、子女教育，惠及员工家属。这些组织支持资源一方面减轻了员工家庭的各项生活负担，另一方面，塑造的良好文化氛围将更容易得到家属的情感支持。

我和一晓曾经研究过一个相关案例，这家企业叫作视睿科技公司，总部位于广州高新区的核心园区广州科学城，是国内较早涉足液晶显示技术领域的企业之一，现已成为全球最大的液晶驱动类产品方案提供商。视睿科技主要致力于人机互动产品开发，旗下拥有交互职能平板、触控系统、数字标牌、电子书包、物联网应用和电视周边产品等诸多应用领域的相关产品。经过多年的快速发展，视睿已成为全球最大的液晶显示类产品的控制电路产品供应商，拥有全球最快的液晶显示应用产品研发速度，也是目前国内唯一一家有能力从事全球各种液晶显示方案应用研究的企业，2011年销售额突破18亿元人民币，2012年上升至行业综合实力的第一位。

视睿科技的员工幸福管理之道就在于为员工的发展提供了多方位的组织支持资源，照顾了员工的多种需求，使员工的工作——家庭——个人得到平衡。而来自工作、家庭及个人的满意度将会影响员工幸福感。

薪酬福利是每个员工都关注的问题，充足的物质支持能够为员工及家人提供物质保障，因而也是提升员工满意度及幸福感的重要途径。视睿科技的薪酬制度，可以概括为以下几项：①薪资收入 = 基本薪资 + 绩效薪资 + 工龄津贴 + 年底双薪；②透明的薪资制度，每个人的工资和奖金都是公开透明的；③每季讨论一次薪资，员工可以随时对自己的或其他人的工资、奖金提出调整意见；④月度绩效工资：每月评定一次，根据当月目标完成情况而定；⑤特殊奖励：对公司的系统运营及管理方面提出有效建议或推动，并因此产生相应的改善，公司给予激励及奖励；⑥补贴方面：包括父母补贴、探亲补贴、旅游补贴、节日补贴及通信补贴等。特别地，对于新入职的毕业生，考虑到新人成长得很快，视睿薪资的调整也相应较灵活。根据统计，2012年7月毕业的应届生，至2013年7月，平均薪资涨幅为24%。

个人成长对于企业员工而言，不单是个人工作能力的提升，而是综合能力与素质的提升。为了提高个人的能力及素质，员工需要不断地学习和成长，这就需要企业提供有利于个人成长的平台和宽松的环境。在娱乐与学习中，员工不仅获得了个人成长，而且作为社会人的角色，与同事之间的互动也改善了人际关系。

自我实现带来的成就感是员工幸福感的重要来源。视睿科技领导与政策对人才的爱惜以及员工成就的肯定极大地鼓舞了员工士气。公司创建之初，三位股东就达成了第一个共识：董事长和总裁的职位宁愿空着，这样三位创始人就可以在旁边观察学习，企业经营就多了一层监控的可能性；第二个共识是创始人的股份比例应该持续下降，而不应该是家天下，把股份传给自己的子女，这样做对人才是一种抑制。他们相信一定会有很多人比自己更强，因此，也更愿意让那些在能力和贡献上超越自己的员工在股份的比例上也超越他们。他们深刻地明白，人们总喜欢享受权力带来的快感，这种感觉很好，但有时候权力也很可怕，总会让人难以听到真实的声音。因此，他们决定必须融合一些人才，这样才能真正运营好一个团队。作为珠三角最佳雇主，视睿科技投入的资源以及给予的支持是提高员工幸福感的重要举措。从领导理念到绩效考核，乃至员工生活，无不体现了视睿科技的人性化管理。公司营业的持续增长和员工的工作状态无不印证了视睿科技是一家增长质量和可持续性都非常好的企业，而这一成功正是建立在视睿科技对于员工幸福感的重视之上。

职业社区网 Career Bliss 的 CEO 海蒂·克里奇（Heidi Colledge）曾说，**员工幸福度应包括工作与生活的平衡、职业发展计划、福利及高级管理等方面，其中工作与生活的平衡是决定员工幸福度的关键因素**[33]。从工作与生活的角度，Guesrt 也指出，员工在受到过量工作要求折磨的同时，也可能从工作中受益，例如，满足要求的支持或资源、愉快的工作环境。这种情形可能导致积极的工作效应、精力的溢出，这能促进个人的私人生活，并积极影响个体的幸福感。这种观点受到了越来越多研究的支持。正如视睿科技所呈现的，组织支持资源包含了工作环境中拥有的生理、心理、社会方面的各项可利用资源。一方面，当工作资源充分时可以提升员工的工作动机并减少员工的工作压力，从而促进员工的幸福感的提升。另一方面，组织支持资源也能够促进家庭支持资源，并促进工作家庭及个人关系的融合，由此增强员工的幸福感。例如对员工父母及子女的关爱，能够从一定程度上减轻员工的家庭负担，同时获得员工家人对员工工作的情感支持。而这一点也恰恰是现代很多企业未察觉的部分或者并未采取措施充分加以利用的地方。

在组织支持资源作用下，工作、家庭、个人相互之间的促进能够为员工带来不同方面的满意度。**视睿科技的实践表明，除了工作与家庭，员工还需要属于自己的自由的时间与空间做自己喜欢的事。**人们的满意感不单来自工作与家庭，他们还需要通过自主学习与自我提升来满足个人需求，从而提高个人满意度。而这些方面的满意度都是促进员工幸福感提升的重要组成部分。反过来，较高的员工幸福感中的积极情感又能够影响员工的工作和家庭，促进个人发展，形成一个良性循环。这也就是为什么，每一位到访过视睿科技的人都能从员工的举止与微笑中深切地体会到他们的满足与幸福。

“主人翁”

我们知道互联网不仅是技术与平台，更是一种思维模式和行动指南，这种转变使得企业由关注传统渠道商转向以用户、粉丝为中心的思维模式，**互联网思维的本质就是商业回归人性，更看重人的价值。**同时身处互联网时代的企业所处竞争环境的变化比以往任何时候都要快，而这就要求企业必须具备能够快速应对这些变化的迭代思维能力。然而，无论是以用户为中心，还是对变化环境的快速适应，这一切最终都得益于员工的价值创造与创新。对于员工的要求就是更为开放、更具创新性与学习能力，以及更强的服务意识。

具有这样特质的员工，一方面表现出追求自我情感满足的特点，另一方面又呈现出渴望获得平等融洽组织关系氛围的需求；他们既具备较强的革新意识，又期待获得个人职业长期的发展。相对于以往时代的员工来说，互联时代的员工**更追求内心的快乐，更重视有趣的工作，同时也需要**

有展示自己的平台，更在意参与决策以及表现自我。既要工作也要快乐，既要独立也要团队，既要责任也要自由，这些是新生代网络时代员工的工作观。

相对于拥有这样特质的员工来说，我们可以看到员工快乐是一个极为重要的话题。从快乐论角度，员工幸福感被认为是员工对工作的认知和情感体验，其维度包括了整体工作满意度、情感满意度以及情绪体验。而从现实论角度，员工幸福感则是心理幸福感，突出强调个人价值的实现、优秀的品质以及从事有意义的活动[34]。

让我们看看两家优秀的公司是如何做的，这两家公司分别是腾讯和星巴克。腾讯为员工提供了舒适的工作环境，整体的工作氛围都突出了自由与开放。例如，在内部讨论会时，品牌经理们可以选择任何舒适的方式，甚至坐在办公桌上发表言论。而星巴克为了保证为顾客提供可期性的产品与服务，其员工需要遵守严格的工作流程与规范。它侧重塑造的是一种互相尊重、互相信任的团队精神。例如，星巴克店长与店员均统一着装。

两家企业都建立了企业大学，致力于为员工提供更好、更全面的培训及职业发展体系。腾讯学院与HP商学院合作设计了一整套员工职业发展体系，管理和专业双通道发展机制，培训体系则包括了专业培训及公开培训。星巴克则提供包括零售营运和其他部门的培训、咖啡与文化，及领导能力等课程，并根据不同岗位提供不同的发展机会。

在服务用户的同时，腾讯在人力资源管理上也一直创新性地服务自己的员工，将员工称为“内部客户”。而在星巴克内部则一直秉持“没有员工，只有合伙人”，每一个员工都被称为伙伴。

作为互联网企业的腾讯一直积极探索让员工“工作并快乐”的有效途径。首先，要让员工充满责任感与使命感，让员工能够感受到拥有共同的事业与使命，这就需要企业文化的宣贯。其次，一个好的雇主应以人为本，给予员工一个相对独立与自由的空间，使员工能够更好地激发创意并进行有效沟通。创新对于任何企业都很重要，尤其是互联网企业的产品日新月异，必须保持持续的创新才有可能保持领先。不同于腾讯，顾客进入星巴克消费就是基于其“可期性”——星巴克的服务是可以期待的，顾客能准确地知道将品尝到什么样的产品、享受到什么服务。按照星巴克的要求，无论在哪里，每一家门店都要一样，提供统一口味的咖啡、热情的微笑，并拥有共同的价值观。为了保证产品与服务的品质，星巴克员工的工作流程必须保持高度的标准化。星巴克着重提供能够体现公司对员工关怀的资源，营造愉快的工作氛围。只有快乐的员工才能为顾客提供更好的产品与服务，才能将快乐传递给顾客。

被员工称为小马哥 Pony 的腾讯 CEO——马化腾是个崇尚共享、自由精神的人，并不会单纯强调“我”的价值，明白团队的意义。他曾多次说：“对于腾讯来说，业务和资金都不是最重要的。业务可以拓展，可以更换，资金可以吸收，可以调整，而人才却是最不可轻易替代的，是我们最宝贵的财富。”正是对于员工的关注，仅仅是在校招员工身上，腾讯投入的薪酬、福利、教育、培养等资源，保守估计 3 年已经超过 10 亿元。而作为一家最受尊敬企业的 CEO，舒尔茨在其第一本著作《将心注入》[35]中说道：父亲一生勤奋却一无所成，并且得不到雇主的尊重。因此，舒尔茨一直希望当自己能够决定局势时，创建一家让员工感到尊重和信任的企业。他认为，只有当企业有良好的价值观，秉持“员工第一、顾客第二、股东第三”的信念时，才能通过员工的服务为顾客创造一流的消费体验，最终为股东赚钱。这也就是为什么星巴克在经营状况不好的时期，舒尔茨依然不顾董事的反对坚持为员工提供医疗保险，包括临时工在内。

腾讯的人力资源管理实行“内部客户制度”，将员工视为公司的内部客户，用产品经理的思维去做 HR 的政策，关注用户的体验与反馈。这种“客户导向”的方式能够根据员工的不同需求制定人力资源管理政策。同样，星巴克的员工大部分也是新生代员工，他们特别看重工作的有趣性及成就感。在大部分中国人看来，做咖啡店的员工并不算是高端的职业，但星巴克采用的“合伙人”制度使所有伙伴都有一种“与有荣焉”的荣誉感。在人力资源管理设计上，星巴克在重点满足生理、安全、尊重等层面的需要后，致力于员工自我价值的实现。它向员工传递这样一种信息：只要肯努力并抓住机会，每一位员工都有更上一层楼的机会。

这两家公司的管理实践，可以让员工拥有“主人翁”的感受，可以给员工带来快乐和幸福感，而幸福感和快乐又使得员工充分发挥主人翁作用，带给企业极大的创造力和活力，并让企业在同业中脱颖而出。

与你的员工分享你所知道的一切，他们知道得越多，就越会关注；一旦他们去关注了，就没有什么力量能阻止他们了。

——山姆·沃尔顿

04

第 4 章

组织新能力

如何打造互联时代的组织管理，最为核心的是组织能力建设。很多人都在探讨这个话题，其根本原因在于组织能力本身的确具有深刻的影响，甚至在更多的时候，是企业的领导者面对的巨大挑战，甚至一些领导者本身成为互联时代组织管理的障碍。

我花了两年时间带领一家曾经有7万多人的公司做转型，我了解到对于这个组织而言，要面对太多的不确定性和挑战，需要承接太多的信息和技术，如果不是董事会明确方向，并愿意支持我推动组织变革，我相信公司无法从困境中走出来。在过去几十年中，我为一些企业从董事长到事业单元的经理人担任过顾问，也因为做管理学教授的缘故，有很多机会涉猎到很多行业和企业。与企业领导者的密切接触与深入交流让我深切感受到，他们目前正面临着前所未有的挑战。特别是传统企业，被称为“集体焦虑”，为什么出现这样的情形，根本的原因，还是互联网时代带来的复杂性和不确定性远远超过了以往任何时期，无论是在变化的规模、速度还是迅猛程度上，都与过去根本不在同一个数量级上。

在今天，信息与技术、资本与知识，出现从未有过的大融合，也出现从未有过的活力和变化，其带来的复杂性和多样性，也使得组织管理面对前所未有的挑战和压力；数字化浪潮尤其是社交网络及移动互联网上随处可见的评价及比价，也极大地增强了消费者的选择权，而资本的驱动和追逐，让很多个体，也包括组织，瞬间发生着颠覆性的改变，从而瞬间改变整个行业的命运，如何成为命运的主宰者、成为时代的弄潮儿，则需要组织具备新的能力。

变革领导者

我还清楚地记得吉米·卡特说过的一段话："时刻记住你自己有多强大。不要忘记个人的力量能起很大的作用。牢记这个可能，改变世界，改变社区，改变家庭，改变你自己。"这段话完整地表达出我要表达的想法，领导者个人有着巨大的作用。

对于权力和领导者的探讨一直是福列特关注的问题，她认为"我们现在更认同个体的价值，管理成为更准确的功能定义，领导者逐渐地被视为这样一个人，他有能力给群体带来活力、懂得如何激励创新、使每个人知道自己的任务"[36]。为了能够更好地表达她对于领导者的定义，福列特重新定义了权力，她说："权力已经逐渐被视为一个群体的组合能力。我们通过有效联系获取力量。这意味着一些被视为领导的人，他的能力不在于能够施加个人意愿并让其他人追随他，而在于如何把不同的意愿联合起来成为群体的内在动力。他必须知道如何创造群体力量，而不是施加个人力量。他必须创建团队。"这些对于领导者和权力的明确的定义，使得管理者知道自己的权责是什么，也使得组织管理从个人转到了团队，在这个方面福列特做了非常详尽的论述，也正是这方面的论述让我对她肃然起敬。我引用她的一段话来证明这一点：

"最优秀的领导者并不要求别人为他服务，而是为共同目标服务。最优秀的领导者没有追随者，而是与大家一起奋斗。我们发现如果领导者不常发号施令，而专家不限于建议的工作，下属，包括经理和工人会对领导力做出不同反应。我们希望鼓励合作的态度，而不是服从的态度，只有当我们在为一个如此理解并定义的共同目标奋斗时，才能达到这种效果。”也许我引用得太多了，但是请大家仔细理解福列特的观点，从中可以了解领导者的职责是什么，为什么领导者这样重要。

领导者的作用不仅仅是激励，也是明确任务的手段。最重要的是，他需要让同事理解，奋斗的目标不是个人的目标，而是大家的共同目标，它产生于群体的期望和活动[37]。正是这样去理解领导者的作用，所以组织新领导力，首先表现为管理者要成为变革领导者，一个变革领导者需要打造新的领导力，能够为组织灌输全新的价值，并有足够的韧性和坚持，带领组织接受巨大的挑战。

领导力

拉姆·查兰曾说过“面对当今时代的结构性不确定性，要想引领企业走向成功，需要全新的领导力。过去的常规套路已经无法适应当今时代的要求，需要企业领导者彻底改变思路，全面更新自己”。[38]

的确如此，在互联时代，信息与技术组合，特别是移动技术的出现，让变化变得更加巨大，更具复杂性以及不确定性，企业仅仅适应变化已经变得远远不够，企业必须让自己成为创造变革的领导者，才可以应对以及利用这个变化的环境。面对复杂多变的外部环境，企业领导者必须有能力在不确定性中，做出判断并能够引领大家，在不平衡与不确定性中，确定一条道路，然后果断地带领企业在这条路上走下去。

总部位于广州的一家科技公司面临的抉择，也许你也会遇到。该公司最早是由大屏显示业务起家的，并逐渐发展壮大，通过关键技术的把握以及对中国市场的理解，帮助客户降低成本，缩短响应周期，提高决策效率。其业务优势在于中国相对低的制造成本，以及关键技术的把握和产品开发能力。经过多年发展，该公司与客户之间建立了良好的服务关系，并在业界积累了深厚的实践经验，使得公司在中国市场的份额连续十年保持第一。

随着显示技术的改变，以及客户需求的改变，越来越多的客户正在寻求基于应用场景的解决方案，而不再是业务显示，因此公司试图借此彻底改造自己的业务模式。要服务这类新的客户需求，就意味着业务转型，意味着公司必须建立新的核心能力。到底要不要发展新业务，要不要推动转型呢？虽然现有业务的竞争日趋激烈，利润空间不断受到挤压，但仍然是赚钱的。要想发展新业务，就必须布局新能力，形成新的文化习惯，招聘新团队、引进新技能。

这一系列的选择，会影响老员工，也会让新员工可能无法真正融合到公司内部。一方面是老员工无法适应未来业务发展的要求，另外一方面是新员工无法真正融入公司。此外，发展新业务还需要资源的投入，发展新业务的步伐多快合适？会不会影响现有业务？面对这些难题，这家公司的CEO究竟应该如何抉择？

这就是管理者要面临的全新挑战。他们必须面对这些艰难的抉择，必须带领企业前进。他们必须具有足够驾驭复杂性的能力，平衡长期和短期的利益，平衡新老员工的利益和发展，平衡转型与发展的关系。这些都需要通过转型才可能获得突破。这家公司做出了自己的选择，从战略转型入手，通过购并获得新的业务发展方向，通过引进新的团队获得新的能力，同时启动老员工长期激励计划，让原有业务能够有拓展的空间和发展，虽然转型还在进行中，但是已经迈开了坚定的一步。

是否要彻底转型，很多领导者迟迟无法决策，这是最大的错误，因为不是你愿不愿意转型的问题，而是时代已经改变，变化本身就是时代的特征。因此每一个管理者都需要成为变革领导者，都需要有足够的领导力，来推动变革，变革时代更需要领导者内心强大、意志坚定，面对不确定性，勇敢决策，你必须引领企业向前。

布道者

互联时代所具有的不确定性，使得组织成员受到很多信息的干扰，员工价值观的多元化，让组织管理也遭遇到前所未有的外部影响，一些是正向的，一些是负向的，还与一些似是而非的，这就需要领导者能够让组织成员明确并获得坚定的价值判断。在和每个人交流的时候，寻找每个人的正能量，爱默生说过："缺少热情不可能成就伟业。"而对于员工热情的激发，正是领导者需要做到的事情。

对于组织所要面对的不确定性和变化的复杂性，要求领导者具备坚定的信念和明确的价值判断。我有幸与新希望集团创始人刘永好董事长共同工作几年，让我可以看到他如何面对变化，明确而坚定的立场。面对互联网对传统企业的冲击和挑战，永好董事长在集团内部会议上明确指出："我们必须全面拥抱互联网。"在他看来，农业是最古老的产业，所以需要走一条创新、变革之路。

当我去带领一家接近 7 万人的公司做转型的时候，内心深知需要与大家上下同欲，才可以共同面对挑战而赢得新的机会，无论是组织转型、业务转型以及产品与技术的创新，每一次变化，都蕴含了一个关于未来增长趋势的信息；如果能够不拘泥于我们每个人原有的经验和习惯，不拘泥于我们原有的核心竞争力，以新的视角来看待变化，就能够抓住这个信息，找到可以增长的机会。

但是，由于这些新的增长机会是与变化相伴的，人们的第一反应通常是抵触或者无法适应，甚至感觉是对自己的挑战。此时就要求领导者，能够给予人们帮助，让大家可以从内心恐惧和回避中脱离出来，感受到主动拥抱变化带来的美好。这需要企业管理者首先自己感知到变化，并能够把对于变化的认知传递到公司的业务模式和团队成员当中，这需要企业管理者自己能够灌输和传播，以驱动变化，如果做不到这一点，企业就会被变化淘汰。

很多年前，我非常喜欢诺基亚公司，自己多次在课程中讲述诺基亚公司的案例，我也曾是诺基亚手机的忠实用户，坦白讲，我是因为乔布斯去世，为了纪念他，我才更换用苹果手机，但是没有想到更换了苹果手机之后，我就彻底放弃了诺基亚手机。在过去 14 年里，诺基亚一直是手机行业全球第一的企业，也是全球最为成功的企业之一，诺基亚开创的“科技以人为本”的技术理念和业务模式，一举奠定了其划时代的伟业。我曾经在很多场合讲述过诺基亚的案例，因为诺基亚能够敏锐地洞察模拟技术转换为数字技术的变化，同时能够真正以顾客为根本，所以诺基亚让技术与制造效能充分发挥，同时让顾客价值得到充分体现，因为诺基亚，移动手机成为人们最便捷的沟通方式，2008 年虽然遭遇金融危机，但是诺基亚人依然可以骄傲地说：此时此刻，全球 9 亿人因为诺基亚沟通无障碍。

但是到 2013 年第一季度，诺基亚却停滞不前了，苹果的出现，让这个行业进入一个全新的发展模式，最根本的是整个行业开始发生根本性的变化，手机不再仅仅是通信产品，反而成为智能终端。但是这个时期的诺基亚并没有做出实质性的改变。加上三星利用本身就具备成本优势的能力，再加上全新的市场布局以及创新能力的拓展，更重要的是三星迎头赶上智能终端这个行业属性，三星成功超过诺基亚，夺得了全球市场手机份额第一的业绩。反观这个时候的诺基亚，我真的看不出它做出了什么应对和改变策略。

管理者作为一个布道者，就是要不断地让成员可以意识到危机，可以观察到变化，可以寻找到自己的价值判断，并能够清晰地指引行动，并带来变化。最可惜的是诺基亚的管理者并没有成为布道者，他们似乎并没有意识到这种变化意味着什么，他们好像真的不知道：过去赖以安身立命的核心竞争力已经变得无足轻重。所以他们并没有为变化做出选择，也没有带领团队成员理解和接受这种变化，最终的结局是诺基亚出局。

稻盛和夫讲过一个篷马车队队长的故事，稻盛先生说：“篷马车队队长身上所体现的领导者的第二项重要的资质是：明确地描述目标并实现目标。[39] 篷马车队从东部出发时，要在美国广阔的西部大地上各自确定到达的目标。要求队长把全队成员安全地带领到这个目的地。但是，那是连地图也没有的、人迹未至的土地。而且篷马车队前行的道路上充满艰难险阻：险峻的山岳和连绵的沙漠阻挡着去路，也会遭遇狼群和美洲狮等猛兽的袭击，同时还要同原住民印第安人作战。面对这重重困难而绝不迷失和放弃目标，叱咤激励车队成员，率领团队达至目的地。这就是篷马车队队长的任务。”我喜欢这个篷马车队队长，他能够把目标以及自己对所有问题的判断和选择，都满腔热情地向部下们诉说，他能够灌输坚定的信念并让成员激情燃烧，直至达成任务。我也喜欢稻盛先生把这一过程称为“能量转移”。的确，管理者就应该把自己的能量传递出去，并唤醒每一位成员的能量。

坚持

引领变革本身就是一个极具挑战的任务，同时因为变革需要调整很多人的利益，要面对很多冲突，所以这需要管理者具有极强的韧性，无论遇到什么困难，都不要放弃，更不能够半途而废。

互联网正在加速淘汰很多企业，正在加速调整很多行业，如果企业管理者不能够带领自己的企业互联网化，不能够让企业融入这样的时代浪潮中，那么企业很快就会被时代淘汰。也许我们都有这样的认知，一旦需要改变自己、变革自己的时候，人们总是会犹豫、痛苦甚至抵制，这就需要管理者保持韧性并坚持下去，变革才能持续。所以，在很多时候，我都会对我的管理团队成员说，要向自己挑战，在管理者自己的认知里，一定要有战胜困难、超越自己的信念，一定要有不放弃、不气馁的勇气和作风。

我在带领公司做组织变革的时候，曾经写了一封信给管理团队成员，我是这样对大家说的：

> **“向自己挑战”，**这是我对我们公司和我们同事的期望。今日我们能够聚集在一起，能够借助于公司的平台就职于这个充满机遇和变化的市场，是源于公司之前32年的累积和沉淀。但是如果我们不能够自己做出贡献，公司沉淀的这一切都和我们无关，属于我们自己的东西并没有真正呈现出来。如果我们对自己有明确的认识，如果我们觉得自己是优秀的成员，如果我们觉得还有很多力气没有被释放出来，如果我们内心还有埋怨、负向的情绪，那就表明我们还未证明自己，也还未创造属于我们自己的辉煌。
>
> 最近 3 年，行业发生了巨大的变化，一方面源于行业自身发展的影响，一方面源于市场环境发展的影响，特别是互联网技术发展的影响，以及消费者认知发展的影响，这些发展虽然带来压力和挑战，但更多的是带来变化和机遇。如果我们不能够理解这些变化，不能够利用这些变化以获得经济与能力上的增长，对于变化与机遇来说，我们就没有意义了。

我非常明确地与同事们交流，告诉大家“向自己挑战”从来就是我们的精神，从未离开过公司发展的每一个阶段。如果能够传承我们内在秉性中的能量，就足以推动我们改变现在、拥有未来。“改变”会成为我们最大的资产。

我和管理团队花了整整 10 个月的时间，进行了深入的讨论，仔细的分析，去理解和认知消费端对于产品和产品可靠性的要求；去理解养殖端的效率、痛点和瓶颈在哪里；去认知我们自己的困难、问题和资源的状况。最令我开心的是，10 个月后我们已经上下同欲，达成共识。

我认为这样才能进行真正的改变，才能真正设计出行动的方案，才能够在看到挑战的同时，更看到机会。在很多场合下，很多人都问我，农牧企业转型到消费端最大的挑战是什么？你的对手是谁？我可以清晰地回答，**转型最大的挑战是我们自己的思维方式和过往的经验，而我的对手就是我自己，所以“向自己挑战”就是我们对于这些问题的回答。**

所有的未来，所有的一切都会借助于转变才能够拥有，李健熙曾经带领三星进行10年的变革之路，用了“除了妻儿，一切皆变”的理念来改变大家，这10年的变革，成就了三星今天全球市场的地位，更重要的是改变作为三星最宝贵的资产，让三星度过了1997年亚洲金融危机、2008年的全球金融危机，以及技术带来的多次重大挑战。同样，我也带领公司在两年的时间里坚持做出改变，我们还在继续改变的过程中。

2015年4月24日，新希望云和公司市值突破500亿元，这是中国第一家农牧企业取得如此的认可，我在高兴的同时，也知道这只是坚持转型和变革的结果。坚持改变，**让我和团队成员看到全新的机遇，理解到自己的能力超乎自己的想象，更窥见了全新风景的美好。**这个时代的机遇，完全取决于我们的行动以及行动背后的观念。创造价值的资源要素从未如今天这般丰富与多样：个体的创新、资源的流动、细分的需求，这一切叠加在一起，让一切皆有可能。

阿里巴巴的奇迹，让更多人看到财富的神话，而我更愿意理解为创造的神话，那种与时代共舞的行动神话。而生活在这样一个时代的你我，是否真的能够拥有这个时代最大的资产——改变呢？

成为变革领导者

成为一个变革的管理者，我认为要从五个方面去调整。

第一，思维模式要转变。“去看看不见的”和“做不可能做的事情”。别人能做的事情你要正常去做，比如说产品、品质、服务，这些大家能做的事情请继续做。但是还要做一些别人不可能做的事情，比如经营信息和数据对于企业的发展无比重要，这也是其中一个。另外需要转换思维的地方，就是理解全连接和零距离。IBM 得出的这个结论，我花了一些时间才搞懂，也就是说，在今天的商业环境当中，核心企业是一个全连接的企业。所以腾讯购并了很多项目，连接了很多企业；阿里巴巴购并了很多项目，连接了很多企业；IBM 购并了很多项目，连接了很多企业，他们为什么要这么做，就是要全连接。所以变革领导者一定要学会，与更多的人在上下游合作，在不同地区合作。能够真正在合作中做事情，这叫思维方式的转移。

第二，真正的客户导向。禽肉事业部的调整，从 7 月调到现在，无数人在为此做出努力，做出调整，我特别欣赏。为什么要进行这样的转型？就是因为消费端在评价农牧行业，不是农牧端在评价。以前我们说农牧企业好，是我们行业内在说，消费者不知道；今天是消费者告诉你，谁的肉好，谁的肉不好。这个评价就导致了企业要能够真正贡献品牌。

农贸市场超市化的进程速度会非常快，我第一次认识永辉生鲜，就是因为它把农贸市场改成超市，我认定这是最佳的模式。永辉生鲜选择做超市，正是基于客户导向的选择。什么是客户导向，就是你在做任何事情的时候，知道谁评价你，你在为谁创造价值。在这之前，你的料好不好，是养殖户在评价；今天你好不好是消费者在评价，这个评价体系变了。当评价体系改变时，我们就必须知道我们怎样去创造客户价值，怎么去设计和行动。

我们设立的夏津模式让很多人惊叹，它越漂亮，我就越紧张。因为漂亮是有代价的。我们建这么漂亮的一个夏津猪场，投入很大。我们需要让它漂漂亮亮地创造价值，全力以赴去做好三件事——食品安全、环保、养殖效益。这才是真正的客户导向。

第三，人的活性化。人真的很重要、很重要。海外发展我们之所以不惧任何障碍去开发饲料市场，是源于孝华团队具有的能力。在今天我们的规模的确很重要，资金实力也很重要，但更重要的是团队和人。

我看到硅谷的一份PPT，其中表达的一个观点，我很认同，人们以更大、渴望成长的欲望创造了增长，这就像我们一样，以强烈要成为世界级农牧企业的欲望，成为中国第一大农牧企业，世界第三大饲料企业。我们增长得很强劲，带来了一个问题，就是公司变得很复杂。现在这个体系已经很复杂，我们既有农牧的特点又有食品的特点，既有养殖的特点又有饲料的特点，既有终端食品的特点又有原料肉的特点，既有成都的特点又有山东的特点，既有中国特点又有全球化的特点，现在又来了我这么一个广东人，这已经变得很复杂了。

复杂性对人的要求很高。但是我们需要清楚地认识到，增长的复杂性会导致高适应人才的比例下降，这是所有企业面对的问题。高增长带来的复杂性与高适应人才下降之间形成一个剪刀差，这个剪刀差就会让企业出现混乱、不协调以及难以协作。我们也和这些强劲增长的企业的情况一样，增长导致这个剪刀差出现了前所未有的复杂性。

我们做这么多调整，我相信人力资源部的压力很大，所有人的压力都很大，我非常希望通过盈利和增长保护大家。但盈利与增长一定来源于高素质的人才，需要让更多的同事成为高素质的人才，“推荐四本书”就是其中一个培训的方式，帮助大家提升自己的能力，希望把管理变得简单，要有阿米巴经营的概念，要知道如何可以有效经营。当你的能力超过复杂性，你就可以做到。一定要认识到简单的价值，简单当然也是最难的一件事。

核心是什么，是与对的人在一起。不要怕现在的行情和市场，这个市场恰恰是我们这样企业的机会。如果我们不固守过去的成功，就会获得成长。更重要的是需要大家认识到：你的自由取决于你的责任，你的创新取决于你对公司的认同，我们要形成这样的文化。

第四，资源整合。资源整合在今天是非常重要的，我们需要在企业内部、行业内部、行业外部、国际市场、国内市场，跨行业寻找整合的机会。整合资源对于我们来说具有基础，我们的文化本身就具备条件，我们一直是在整合和合作中成长起来的，请大家一定把它用好。所以我一再要求大家有新的管理能力，即在机会中解决问题，不要从寻找原因中解决问题，而整合本身就是最好的机会。

第五，系统思考的内部改造。系统思考的原则是整体最大。饲料的增长和规模的增长绝不含糊，这是一个增长的整体基础。如果我们不能给员工提供好的薪资，不能给股东提供好的回报，我们也不会有任何机会。这样去理解公司就是整体最大原则。所有产业之间都是相关的，饲料一定支撑肉食，肉食一定是协同饲料，这个相关联过程就会让我们整体最大。

系统思考的内部改造可以称为结构效益，所有的结构一定要调整到位。产能结构、规模结构、市场结构、人员结构、品类结构，全部调整到位，这就是内部改造。

系统思考的内部改造也可以称为端到端的效率。把最终的食品效率做到最大化。一家公司最重要的是什么，做可持续经营。如果要做一个可持续的企业，就是要改变行业的生态，就是让行业能够在一个生态环境中发展，农牧行业需要做价格竞争下的食品安全，所以我们必须想办法实现“基地 + 终端”的战略，必须表达整个产业链的生态能力，这就是根本性的要求。

激活文化

看到柳传志先生在联想 30 周年之际写的一封信，最让我触动的是联想提倡“发动机文化”，其核心是最高管理层是大发动机，而子公司的领导、职能部门的领导是同步的小发动机。柳传志先生总结说：“这种做发动机完成任务的感觉，和做齿轮完成任务的感觉是很不一样的——充满了成就感。而就在这一次又一次的设计、执行之中，主人翁的感觉也越来越浓，小发动机苗子涌现得越来越多。”所以能否让组织拥有激活成员的文化，显得尤为重要。

组织活力

我非常认同联想的“发动机文化”，想把自己的一些想法和大家交流。一个成功企业的实践再一次证明企业可持续发展的核心是激发人：激发人的主人翁感，激发人内在成长的驱动力，激发人担当责任从而获得成就。激发人是企业可持续发展的本源所在。

我们所处的环境无论用什么词语描述，有一点认知是非常一致的，那就是“可持续性”是一个艰巨而又重要的话题，用公司持久力专家艾伦·奈特的妙语来说，就是“不可持续是无法持续的”。无论是现实还是对未来的判断，“一切照旧”的商业模式无法带来可持续发展，我们不得不承受转型带来的痛苦，不得不面对技术创新带来的生活方式的改变。这一切，都迫使我们不得不重新审视：作为管理者该如何引领企业走上可持续发展之路？

彼得·威利斯预测三个主要趋势在推动新的范式发展。第一，所有体系中不断增长的压力和干扰；第二，商业和社会组织将快速发展产生可行度更高的、新的组织形式；第三，人类价值的演变。那么新范式的关键要素是什么？威利斯的结论是“在商业世界中，我们需要具有企业家精神的企业来解决未来的许多问题”。在我看来，这种具有企业家精神的企业，其核心要素就是在组织中生成那些具有企业家精神的人。

对于管理者而言，环境的变化提出来一个显而易见的迫切要求：每个组织必须在结构内建立可持续成长的机制。一方面，这意味着每一个组织必须准备放弃组织做的每一件事，组织越来越需要有计划地放弃，而不是试图延长一个成功的产品、政策或者习惯的寿命。另一方面，意味着每一个组织必须致力于创新，致力于改善和变革。这两方面的含义具体到联想的管理实践中，“发动机文化”是一个自然而然的结果。

2013 年 5 月，我出任新希望六和联席董事长兼首席执行官，到任后，我非常清楚地感知到，新希望六和深层次的问题在于，其经营管理及组织架构走到了今天，需要应时而变，调整自己，才能焕发活力，持续成长。

一方面，在当前的社会背景下，消费终端的营销、服务价值日益凸显，单纯的养殖生产明显不利于企业的持续发展。对新希望六和而言，朝服务商方向转型，迫在眉睫。另一方面，在互联网时代，为了应对不断变化的内外环境，简约高效已成为组织变革的新趋势。海尔、腾讯、小米等公司的组织变革实践无不在践行保障组织效率，避免团队臃肿的管理方式，即大组织做小，使组织更简约；管理去中心化，激发个体价值创造活力，使人力资源走向人力资本。

整个 2013 年，农牧产业面对冲击最大，从速生鸡到禽流感。整个外部环境并没有恢复得很好，所以我必须得靠内力。我在管理中有一个基本判断：如果我们的业绩出现下滑，或者是增长不明显甚至负增长的话，有很大的可能就是因为组织不再适合这个企业的发展。

查尔斯·达尔文说过：“最终存活下来的不是最强壮的物种，也不是最有智慧的物种，而是那些对环境变化做出最快反应的物种。”

作为中国农牧行业“最强壮”的上市公司，新希望六和对内外环境的变化也迅速做出了反应。为了使新希望六和的组织结构更加扁平化，产业链之间协同加强，我和新的管理团队立即着手对公司组织构架和业务关系进行了重大调整，改革的大幕就此拉开。

2013 年 7 月，青岛中心正式开展组织变革工作。原青岛中心率先被拆分为沂蒙、滨海、鲁西、胶东、中原五个特区，同时终端事业部、种禽事业部、养猪事业部、担保事业部、食品事业部均划归总部管理。而青岛中心也根据变革精神和调整安排，实现了职能转变与理念调整，由管理中心转为服务中心，职能由管理变为服务、协作、支持，围绕员工和企业运营开展工作，为特区、事业部搭建客户沟通平台，围绕客户沟通提供服务，组织文化生活，增强了团队凝聚力。

2013年12月，新希望六和做出进一步组织变革工作安排，分拆三北、成都中心。成都中心更名为成都片联合运管委员会（简称成都片联），其猪肉食品、养殖事业部和担保公司划归股份相应的单位；成立成都服务中心，原成都中心总部及以上未涉及产业划归成都服务中心，由成都片联负责。三北中心拆分为鲁西北、京津冀、东北、高唐和大象等区域单元。至此，原本的处于总部与二级经营单位的中间层级——三大中心就被拆分掉了，形成了“股份总部——二级单元——分子公司”三级的扁平化结构。三大中心被划分为25个经营单位，进一步划小考核单元。

在此基础上，为了聚焦区域、优化区域生态产业链，提升区域系统运营能力，打造“片联＋区域＋基地”运营架构，新希望六和设立片联制。片联指片区联合运管委员会，代表总部协调、监督区域权力运行以及干部管理，是区域战略制定的组织者和执行监督者，也是区域平台建设与组织运营的管理者，这一系列的调整让一家7万多人的公司活跃起来，并拥有了转型调整的基础。

建立信任

互联网带来的冲击，最直接的感受就是组织变革带来的改变，组织变革改变了对原有的责权关系和资源分配格局，而这种变化的不确定性会给员工带来不安，甚至导致人员的不配合。为了在组织内部更大范围地达成变革的共识和决心，就需要管理者有能力在组织内部建立信任的文化。

建立信任除了有效的沟通之外，关键的因素还是如何让员工感受到改变带来的好处，所以需要从激励入手，从业绩分享入手，设计一系列提升业绩的方案，以及员工分享计划，这些努力会在员工内心深处建立信任，同时员工透过激励设计，可以看到公司与员工之间的信任关系。

根据华为公司 2012 年可持续发展报告，华为员工已超过 15 万人，其中研发人员占总员工人数的 45.36%，外籍员工人数接近 3 万，海外员工本地化比例正逐年上升，2012 年从 2010 年的 69%、2011 年的 72% 增至 73%。[40] 作为一家高科技公司，在全球人数超过 15 万，并且来自世界 156 个国家和地区，本科以上的研发人才接近一半，这在全球科技行业并不多见。吸引如此众多的高素质人才入司"百舸争流"的，不仅是公司的愿景、机会和平台，更是华为公司激活人才"知本主义"战略，也是华为与员工之间建立了有效的信任关系。

华为公司坚信：知识能产生巨大的增值价值，让员工通过知识获取资本，让奋斗者获得足够的收益，可以极大地激励和凝聚员工，这就是"知本主义"人才哲学。为了激活和激励华为人的潜能和热情，华为建立了相互关联人才"自动自发"制度和机制：其一，确立"三优先"和"三鼓励"的干部任用激励政策制度。其中，"三优先"是指优先从优秀团队中选拔干部，出成绩的团队要出干部，优先选拔责任结果好、在一线和海外艰苦地区工作的员工进入干部后备队伍培养；优先选拔责任结果好、有自我批判精神、有领袖风范的干部担任各级一把手。"三鼓励"是：鼓励机关干部到一线特别是海外一线和海外艰苦地区工作，奖励向一线倾斜，奖励大幅度向海外艰苦地区倾斜；鼓励专家型人才进入技术和业务专家职业发展通道；鼓励干部向国际化、职业化转变。

更为重要的，便是员工利益分享机制。根据华为基本法确定的薪酬激励政策，华为公司以明显高于行业竞争对手员工收入来确保其人力资源的竞争力，因此，即使是一个刚入职一年的"新兵"，在其转正后年终收入也要明显高于同行业新兵 3 ～ 5 倍，甚至高于竞争对手的老兵，更不用说那些已经能独自承担一个项目或成为项目主力的“高级菜鸟”。让人印象更为深刻的是，在2008年全球金融危机中，许多大公司在拼命裁员和降薪，但华为公司却“逆势涨薪”，2011年上半年的加薪优先安排4万多名中基层员工，平均涨幅为11.4%。其余的人员将在下半年启动加薪计划，幅度为5%～10%。对于选择逆市加薪行动，华为公司表示，华为的薪酬体系是基于长期回报的，此次加薪就是要确保华为的总体薪酬在整个行业内最具竞争力，以此让员工真切地感受到公司持续发展的能力。

华为公司力行“不让‘雷锋’吃亏”让“知本”转化为“资本”的利益分享承诺，根据《华为基本法》第十七条、第十八条关于知识资本化与价值分配的形式的条款，“实行员工持股制度。一方面，普惠认同华为的模范员工，结成公司与员工的利益与命运共同体。另一方面，将不断地使最有责任心与才能的人进入公司的中坚层”。公司自成立之初便着手实施员工持股激励，到目前为止已经实施了4次大规模的股权激励计划。尤其值得指出的是公司在两次全球性金融危机时推出的大规模的股权激励调整，起到对公司员工人心凝聚和士气提振作用：在1998年金融危机和其后的互联网泡沫危机时，华为在2002年推出了“虚拟股票”股权激励；在2008年金融危机推出了新一轮的“配股”激励计划。公司秉承“丰年重赏基层”的传统，从2010年每股2.98的高分红，到2011年对4万多名基层员工平均加薪11.4%，再到2012年拿出125亿元发奖金，华为几乎每一次都把公司的利润回报给了自己的员工，从而更加凝聚了人心。

华为与员工之间建立了信任的文化，员工也因此不断奋斗，并驱动华为成为全球最具竞争力的公司，企业持续发展的活力在员工持续不懈的努力中得以实现。

容忍分歧

自己深受福列特的影响，尤其是她对于“冲突”的认知和评价。福列特说："冲突和差异是客观存在的，既然这一点不能避免，那么，我想我们应该对其加以利用，让它为我们工作，而非对它进行批判。"她认为："我希望大家暂时将冲突看作不好不坏的；不带任何道德上的预断去考虑冲突；不要将它看作斗争，而是将它看作观点或利益差异化的表现。因为冲突正意味着差异。我们不应仅仅考虑雇主和雇员之间的差异，还要考虑管理者之间、董事会董事之间的差异，或者任何可能存在的差异。"[36]

的确如福列特所言，冲突存在有着特殊的意义，其价值就是让组织具有活力。正是因为存在冲突，才使得差异得以保存，进而保存了组织的活力。所以在组织内部要形成容忍分歧的习惯，要学会进行"冲突管理"的能力。很多时候不要在冲突中去追寻谁对谁错，甚至不要去问什么是对的，我们先假设双方都是对的，对于不同的问题双方都可能给出正确的答案，对于冲突的正确运用就是在认同双方利益的基础上，使冲突为双方共同所用，使双方站在对方的立场上去相互理解对方的问题，同时找到双方都能认为是正确的满意答案，冲突管理的最终结果并不是"胜利"，也不是"协商"，而是利益的整合。

在今天充满变化并需要不断发展的大环境中，整合和协同是根本的解决之道，这也是为什么在今天的管理理论中如此多的管理学者强调战略联盟、协同营销和水平营销的原因，这也是为什么组织需要变得更加柔性，更加包容的原因，福列特说："处理冲突的方式主要有三种：控制、妥协以及整合。"而且她更主张用整合的方式来管理冲突，这也是我特别推荐其观点的原因。

这是一个充满变化的时代，甚至可以说用日新月异都无法表达变化的状态。拉姆·查兰说："What's new？㊀"几乎成了最常见、最保险的闲聊起始句。我也如此认为，甚至在我所交流的场景中，谈论新见解和新知

㊀ What's new？是较为笼统的发问方式，最近有什么新鲜事，有什么新观察，有什么新见解，都可以涵盖其中。

识的习惯，已经成为人们交流的核心。我在担任新希望六和 CEO 的这两年间，对我帮助最大的，也是与新动态和新变化互动的习惯。我去拜访行业的领导者，与技术领域的经营讨论；最令我开心的是与互联网领域的年轻新锐脑力激荡，每次与他们在一起交流的时候，都会提出类似的问题；这些新的见地，让我能够很好地理解农牧行业的新格局，能够很好地让一个传统的农牧行业具有互联网的属性，让无法识别的传统肉制品具有了可识别的载体。在这个交流的过程中，很多时候，都会遇到与自己意见不一致的冲突，不过，只要做好接纳的准备，这些分歧反而是获得创意的来源，我很享受这样的冲突。

在我接触的企业家中，他们也都能够倾听不同的意见，并吸纳而让企业变得更加强大。记得有一次，我在飞机上巧遇 TCL 的创始人李东生董事长，交谈中我很直爽地表达了我对于 TCL 在市场中做法的不同意见，想不到过了几天，他安排具体业务部门的总裁来找我，邀请我到公司去给大家做讨论和交流，他自己也亲自参加了这次交流，并把这次交流的结果在公司内部全面推开，落实到具体的市场策略，效果非常好。

在我理解互联网的过程中，陈让给了我很多启发，他曾经与微信创始人张小龙一起创立过 Foxmail 邮箱，陈让最大的特点，就是不断启发新见解、新想法和新思路，与他交流，总是会被反问，总是可以激发出新的创意，这使得我可以很快地理解“社交网络”、互联网思维以及全新的商业模式。现在，当我自己做内部高管培训及管理企业的时候，也会把这一招与大家分享，反复问大家：“你有什么新想法？”尝试之后，很多人都告诉我，这句貌似简单的话能引发多少新思考，激发多少新想象，找寻出新的创意和做法。

对我自己而言，寻求新知已经成了每天的习惯。比如，最近在和机械工业出版社的一位编辑沟通时，我问他对哪些新话题有兴趣，对哪些议题则觉得挑战性很大。他提到了电子阅读对于出版业的影响，对于未来阅读方式与信息传播的关注。我对此非常感兴趣，所以决定尝试用新的方式出版新书，结果没有想到，我找到文辉，文辉再找来 24 个人，经过短暂的讨论和碰撞，一个众筹发行的方案成型推出，26 天的众筹计划，一天完成目标，第二天超募 120%，这就是创新的魅力。

在主导公司转型和变革的过程中，我也深深感受到容忍分歧、接纳新想法的好处。我们是一家拥有接近 8 万名员工的公司，分子公司 590 多家，分布在世界各地，当总部做出决定的时候，往往会有不同的声音和意见，甚至在很长一段时间，大家因为无法统一，很多决策无法执行。对于这一现象，一些管理者很紧张，认为这是一个非常不好的状况。但是，我并没有为此特别着急，相反，我动用了自己擅长的方式，开始与管理层展开交流，包括写交流信、讨论会、培训等方式，让我了解到很多不同的想法、建议，而当我把这些不同的想法融合在一起，拿出解决方案的时候，我也知道上下一致的问题就可以解决了。

当别人问我，最近有什么新观察时，我会把自己的想法与他们分享，我也刻意地去和“80 后”“90 后”交流，以便更加接近他们的认知和想法，要知道交流从来都不是单行线，从别人的反馈中，我也学到了很多。由于工作的关系，我每天都会见到来自世界各地、各行各业的精英人物，在与他们交流的过程中，我对外部环境的洞察力也在不断提升，这就是容忍分歧，接纳新东西的好处。

与对的人在一起

作为公司的首席执行官，应该为企业做出什么样的贡献？应该以什么标准对其业绩进行评判？企业的其他领导层和员工对其又有什么样的期待？这是我必须回答的问题，也是我需要解决的问题。

许多企业在回答这些问题时，都显得过于片面。在过去的 30 年里，我与各种各样的企业首席执行官以及其团队一起工作过，我自己也两次出任首席执行官的工作。从这些工作经验中，我感受到，在谈及公司首席执行官的工作贡献时，有很多误解，尤其是从媒体的视角来看，经常会曲解对企业首席执行官的业绩预期，业绩的确是一个根本性的职责，但是对于企业所要面对的不确定性而言，首席执行官的工作中还有一个更加需要关注的内容，那就是不断丰富自己以及不断学习，并且还需要更关注于对人的理解，对人的提升和发展的理解。

绝大多数企业领导者似乎都明白：如果企业没有一个强大的工作团队，没有合理的发展战略，没有一个可以负责执行的组织机构，那么企业就难以获得成功。然而，建立和维持这些又需要花费时间和精力。因此，领导者一方面要为企业增长和业绩负责，另一方面又需要为组织持续性和内在的能力负责，而后者其关键就是如何与对的人在一起。

为什么提出“对的人”这个概念，是因为除了企业外部的不确定性之外，企业内部也存在诸多不确定因素，比如组织能力的构建、领导力的水平、业务活动是否围绕主要目标展开、内部是否协同一致，是否具有完成所有任务的能力等。这些内部的不确定性，在今天更加明显会对企业的发展和外部竞争力产生决定性的影响。

所以，今天领导者需要做到以下几点：明确企业未来发展方向，协同内部的不同力量，重视组织成员的培养和发展，了解自己并丰富和超越自己，有坚定的价值取向并能和成员取得一致。在一个外部环境充满高度不确定性的社会中，领导者需要付出更多的努力，想方设法在企业内部构建更多的可确定性因素，比如构建企业要达成业绩所需要的组织能力。正如我自己在企业内部所做的那样，我要求自己要非常清晰地阐述公司未来战略的方向，要求公司内部要建立信任和绩效的文化，要求公司核心团队理解并能够传递转型和变革的要求。一个适合的领导者，就应该帮助组织成员明确：外部环境变化时，我们知道如何做才能应对。

“对的人”到底在哪里

我在做公司战略转型，发现在公司的传统业务当中有几个领域需要增长新的能力，可是在这几个领域当中内部的人没办法帮我解决。我们在全球范围内扫描，找到几个合适的人，我就跟同事说我们邀请这几个人来公司，他们说很难。我说为什么？他们说这些人中，有三个我们已经花了好几年时间洽谈，人家就是没来。我说你的方法不对。我特设了一些特殊的职位，我跟这三位拥有专业能力的人讲，你按照你的想法去干，但是放在我们公司的体系上实现。你要知道能人最大的需要就是要自由，同时他们也会承担责任、主动创新并自觉自律。所以我只是请这些专业人士告诉我，做一个项目需要花多少时间、多少钱，要我怎么配合，他们开出条件，我满足他们。他们说不能全职去你那儿，我说没有关系，最后发现他们几乎都成了全职，因为他们对目标和责任非常清楚，他们更在意自己的价值体现，更在意自己的贡献和声誉。今天对组织的要求，并不是要拥有这个人，大家必须理解人的天性是向往自由的，这样想，你才可以真正跟对的人在一起。

同样，在做公司组织变革的时候，特别需要能够理解组织变革的内在逻辑，并有能力推动变革的人。非常幸运的是，我在组织内部找到了这样的同事，当我在布局几大特区同时转型调整的时候，有不少人告诉我调整的步伐太快了，一定会失败，一定会出问题，一定会乱，一定会……但同样有不少人，全力转型，克服各种困难，抛开自我界限，努力配合协同，快速恢复区域竞争能力，深入了解产品力的结构，从品质、成本入手，从协调和约束着力，仅仅两个月的时间就已经开创出了全新的局面，因为他们坚信聚焦区域的发展、聚焦顾客价值的创造，一定会获得市场的认同。

我举身边的这两个例子，是想告诉大家，其实“对的人”也可能是在组织之外，也可能是在组织内部，并不是像大家想象的那样稀少，相反，只要把目标和责任明确下来，就会发现“对的人”，就可以因为与对的人在一起，创造出全新的价值。

所以，核心的问题不是“对的人”在哪里，而是如何界定需求与责任，如何判断目标和方向，技术的发展与变化，我们会面临许多关键性的问题，而所面临的不确定因素之多之大，似乎胜过以往。在不确定性面前，我们到底应该如何进行战略转型？以什么样的组织形式激活创造力呢？我们要用什么样的方式集合发展要素呢？我们从哪里获得所需的资本，又往何处去寻找发展空间？针对这些变化我们又该如何应对？

以上这些问题中的不确定性所带来的直接结果就是，对于人的要求越来越高，管理的难度越来越大。在这种压力下，目标与责任需要成为牵引的力量，只有当目标与责任清晰的时候，人们才会采取相应的行动，以应对这些变化。

当我们试图寻找对的人来解决公司面对的这些挑战时，需要在公司内部实行新的措施，需要能够激发出对的人，或者能够吸引到对的人，以确保他们能够有效地进行价值释放。如果还继续沿用以往的管理模式与组织习惯，那是毫无意义的。在新环境下，我们需要有更加宽阔的视野和胸怀，需要积极去与对的人呼应，需要更加清楚地指明方向，使责任和目标更加聚焦，这样就会发现对的人，从而让组织拥有面对不确定性的能力。

谁是“对的人”

我之所以用“对的人”，而不是“能人”，是因为我想表达自己一个明确的选择，在一个极具变化的环境下，更需要合作和协同，而能人却恰恰做不到。“能人”的第一大特点就是经验丰富，因其经验太丰富，有极强的能力，所以比较难接受新的东西，往往喜欢凭经验去行动；第二大的特点是不擅于合作和协同，总是希望自己解决问题，总是不放心授权其他人去做事情。以上两点也是那些拥有很多能人的大型公司，为什么在今天反而显得吃力的一个主要原因，这些大型组织的协同效率太差，反应速度和决策速度太慢，结果丧失了市场机会。

“对的人”表现出以下几个主要特征。

1. 不固守经验

可以毫不夸张地说，在目前的形势下，大多数企业都需要用新的办法来完成它们目前的所有工作，这是快速变化的环境提出的要求；几乎所有的企业都需要全面接受互联网技术对行业的改变，并重新认识行业的规律。我也在 2015 年年初撰文告诉大家，就连互联网本身，也由“消费互联网”转变为“产业互联网”，一切都在快速迭代、变化之中。所以，这就要求我们不能够再以过去的经验、行业的经验、自己的经验来面对今天的问题，就如我和同事们说的那样，我相信同事们拥有几十年对于农牧企业的丰富经验，我担心的是，同事们根本不知道，接着下来农牧企业长什么样子。

所以“对的人”首先具有的特质就是不固守经验。他应该总是用全新的角度看问题，总是提出新的想法；他不会开口去说“过去是怎么做的？”“经验是什么？”，而是开口说“我们试试一些新的做法”“看看是否有不同的解决方案”“虽然这个做法我从未试过，但是为什么不试试看呢”？如果他是如后者这样去说和这样去做的，那就是一个“对的人”。

在企业还存在各种各样混乱的情况下，新的想法常常不会被关注。但是“对的人”，往往能够让试图回归到经验习惯的人接受他的想法，使得提出的新想法能够得以贯彻和落实。很多时候，人们更愿意重复以往同样的方法和措施，或许会比以往的成本低一些、速度快一点。对企业来说，今天继续重复昨天的做法会容易很多，风险看起来也许会小一些，但是“对的人”更清楚，如果固守经验，被淘汰则必然成为现实，这个风险显然要大得多，所以“对的人”会坚持引领大家，超越经验，忘掉经验，采用新的方法。

2. 创新并承担责任

“对的人”在工作岗位上，他们清楚自己的工作任务、时限要求、完成工作所需要的技能和具体的衡量标准。因为变化的要求，使得管理者需要创新性地工作，组织对创新的鼓励和期待，也达到了从未有过的高度，创新已是对一个成员的根本要求，自然是“对的人”的一个基本特征。

但是光有创新还不足够，因为核心特征是能够承担责任。创新在很多时候会带来不确定性，或者带来更高的成本。而“对的人”会把创新与责任组合在一起，让责任非常明确，并能够发挥创新的功效，明确自己的任务和责任，这是极其重要的特征，因为变化的挑战，让组织很难界定清楚每个人的角色和责任，甚至在很多时候，需要不断调整成员的角色和责任，这是组织柔性的一个表现，但是又带来一定的混乱，甚至无法界定清楚人们的绩效，以及组织绩效。

对于变化环境中的企业来说，战略是至关重要的，但是许多企业的战略一般不会深入到企业的基层。按理来说，企业的经营战略应该自上而下一层一层地解读和传达下去，但事实是，企业即使这样做了，因为变化，因为员工理解的不足，并未让企业各个层级的人能够明确自己的方向和责任，更加没有让基层员工理解到变化。相反，企业的基层员工往往会重复他们一直以来所做的事情，但是这样的做法也许并不符合企业的发展战略。

这需要把员工变成“对的人”，不能够只是侧重公司意识的培养，而是应该侧重对责任意识的培养，对于角色的任务意识的培养，如果做到这一点，我们就可以让基层员工成为“对的人”，从而帮助企业战略落地执行。

3. 强调自由但注重价值实现

“对的人”也是热爱自由的人，因为他们具有解决问题的能力，拥有专业的技能，并被证明是有价值的，所以不受约束，崇尚自我几乎是他们的普遍特征。但是他们又有着另外一种普遍特征，就是注重价值贡献。

那些整天呆坐在办公室，那些把大部分时间花在“自己认为重要的事”上的成员，以及那些因替代更低一层职位的人而忙碌的管理者，并不能为企业发展带来应有的价值，这一点尤其需要我们关注。“对的人”会有明确的自我角色认知，会以更高的效率工作，其努力的结果，是为了获取更多的属于自己的时间和空间，这些努力的确需要我们理解，如果用打卡、工作时间的监督等手段对待他们，“对的人”也许就离你而去了。

因为在他们看来：他们非常清楚工作中的关键任务是什么，因此，在合适的时间以合适的方式实现工作目标本身就是他们的工作重心。他们绝对不会让根本无关紧要的事情凌驾于重要的工作之上，他们的所作所为一定会真正增加价值，当他们确信这一点并做出努力的时候，他们希望得到信任和尊重，希望在一个自由轻松的氛围中工作。

今天，打造轻松而自由的工作环境，是一件比较容易的事情，电子通信工具，如电子邮件、语音信箱、即时消息以及类似的工具，都会提高信息交流的速度，所以我们要习惯于提供这些便利，以及自由的工作环境，这样才可以吸引“对的人”来。我去过微信的总部，看到办公室里配备了健身房、游戏室，还有滑梯、咖啡厅和中医按摩，说实话，站在微信的总部楼里，我还是很羡慕在这里工作的人，不过，我也知道微信创造的价值是什么。

事实上，“对的人”崇尚自由，但是更注重价值实现，没有人被要求做得更多、更好，但是他们一定会做得更多、更好。只要目标清楚，“对的人”一定会全力以赴把目标完成，而且因为他们的特质，所以你并不需要关注过程，结果一定会如你所愿。最近我参加了戈壁挑战赛，去之前，我想为队友写一首战歌，歌词写好了，但是在同学之中找不到可以编曲并做成 MV 的人，我想到曼午，就在微信里问曼午，可以帮助我做这件事吗？曼午很快找来传建、拾口、小帮、渝涓，把同学们拉练的素材传给他们，结果真的就谱曲、编排、视频做好了，拿到 MV 的时候，我的确庆幸自己找对了人，否则无法在这样短的时间，在我们彼此根本没有见面的情形下，把这个结果呈现出来。

“对的人”就是不固守经验，勇于创新却又承担责任，崇尚自由却又注重价值实现的人。

超越复杂性

不确定性、复杂性增长带来的挑战，使得企业开始陷入混乱并产生企业成长的偏差，这是目前很多企业面临的困难。每个企业都希望成长，而成长一定会带来复杂性和不确定性，解决这一难题的出路，就是让企业所拥有的“对的人”的增长速度超过复杂性增长的速度。

很少有行业能逃脱结构性不确定性的冲击，比如大家最熟悉的出租车行业，这个看似分散、简单的行业，因为自身业务模式的固化，丧失了市场竞争能力，在互联网进入之前，出租车行业一直是特许经营，牌照价格昂贵，行业竞争不足，出租车费也高，最令人不开心的是服务不足。20 世纪 90 年代，我曾经有幸在广州与出租车公司合作，提供咨询服务，我们很多时候在探讨常规的经营性问题，关注出租车的牌照以及物价部门的定价，油价的高低以及特许管理问题等。大部分情况下，公司与司机之间并没有真正形成一个整体，相反，甚至在某种程度上，出租车、司机与公司甚至仅仅是一种极其脆弱的关系。

但现在，易道用车及一号专车等公司的出现，改变了市场格局。这些新公司通过互联网应用软件，为私家车主与消费者牵线搭桥，包括我这个不太愿意用出租车的人，现在也觉得用出租车是一个最合适和舒适的选择，当使用专车的时候，车主的服务往往超出我的预期。这些新服务最早是在 2012 年发源于旧金山，我没有注意到中国什么时候也出现了这种服务，只是知道，这样的服务现在已经在中国各大城市全面开花，甚至引来传统出租车司机罢工，以及监管部门的反对并试图取缔他们。但是，因为这些从业人员对于服务的理解、自身素质的水平，都高于传统的出租车从业人员，对于消费者而言选择是显而易见的，我相信监管部门应该知道这是大势所趋。一个传统的行业，因为新的从业人员进入，他们能够提供更有效的服务，并更善于发现顾客需求以及创造出新的业务模式。

任何行业的经营者，都需要有能力去判断结构性不确定性，也就是要有能力超越复杂性，并从中寻求到创新的商业模式以获得新增长。但很可惜的是，很多时候人们对此视而不见，并未认真地理解结构性不确定性引发的行业变化征兆。2012 年中国饲料行业第一次出现总量下滑的情形，这其实是一个结构性不确定性出现的征兆，但是全行业并未意识到，行业前 20 家农牧企业，依然扩张产能，不惜代价寻求规模增长，并加大为扩张所做的投入，无论是新希望、大北农还是双胞胎和海大，每家公司都以千万吨规模以及成为行业第一为目标。到了 2013 年全行业总量依然下滑，我也在这个时候回归到这个行业中，我能做的，就是带领新希望六和做全面的转型，因为我清楚地知道，这个行业已经发生了根本性的变化，如果我们不率先转型，最大的公司也许是最容易被淘汰的公司。

在公司内部培训上，我与大家分享诺基亚的实例。当该公司 2014 年占据手机行业的主导地位，无论品牌形象、市场份额还是利润水平都首屈一指。然而仅仅三年间，该公司就轰然倒下，冲击诺基亚的就是结构性不确定性，手机不再是通信产品而是智能终端，苹果公司一举改变了手机市场的游戏规则。而诺基亚公司的管理层依然固守着原有的成功商业模式以及对产品的理解，不愿意做出改变，结果就被淘汰了。做这个案例分析，就是希望同事们理解行业的结构性变化，并要能够驾驭这种变化。

对于行业结构性变化，需要企业拥有更多高素质的人员，并要求人们的能力增长超越复杂性的增长。我采用了“新希望六和 +”的模式来增加公司的新能力。因为与互联网企业的合作，使得公司内部呈现出比以往更强的学习能力，同时也让公司拥有了新的核心能力，我们不再是一个单纯的饲料企业，开始有了互联网的属性。齐鲁证券的分析报告如此评价转型后的新希望六和，摘自齐鲁证券农业团队 2015 年 4 月 14 日报告：

> 我们判断新希望的互联网大幕已经拉开，当前一系列的投资主要在于落地，不但创新养殖端的数据采集还涵盖消费端（营销管理以及追溯等），将可能成为国内唯一打通畜禽全产业链的信息化和互联网公司，从而重构在移动互联时代畜禽产业链（包括食品端）的商业模式。
>
> 这是资本市场远未意识到的，我们甚至怀着一份激动的心情在阐述：农业整体性变革，在一家公司上体现得如此淋漓尽致，以及离我们可能的想象如此之近！

的确，行业发生的每一次转折和变化，都蕴含了一个关于未来增长趋势的信号；只要管理层能够不拘泥于企业原有的核心竞争力，以新的视角来看待变化，就能够抓住这个信号，找到可利用的机会。其实，这是一个对于管理层的考验和挑战，需要管理层做出选择并愿意变化，需要管理层放弃原有的经验，放弃对公司原有核心竞争力的依赖，放弃自己习惯的商业模式和业务结构。能从不确定性中创造成功的领导者，也一定可以在市场格局变化之际，带领公司成为新的行业领袖。当我写完本书的时候，新希望六和公司终于成为中国农牧企业中第一个市值突破 500 亿元的公司，看到同事们发来的祝贺，享受到变化带来的美好，真好！

结　语

走向“水样组织”

一个企业要几十年持续领先，重要的特点之一就是组织非常有活力。那么随着企业组织的进化，不久以后，最有活力的组织是什么样子？我称之为“水样组织”。

《因改变而拥有未来》是我在 2013 年年底新希望六和年度总经理大会上所做报告的题目。我认为，改变是美好的，改变是必需的，有改变之心，就有改变之行。我的研究发现，那些不断自我改变、具有组织活力的企业才可能持续领先，保持组织活力有四个关键因素，最具活力的企业正在往“水样组织”进化。

企业何以领先：组织活力

2004 年，我出版了《领先之道》一书，总结 1992 ～ 2002 年领先的中国企业，分析它们为什么能够领先。2002 ～ 2012 年又一个 10 年里，我持续观察中国领先企业。一些领先企业没有了，如波导；一些领先企业持续领先。我发现，一个企业要保持领先，核心条件之一就是企业的组织活力要够。华为、海尔、联想、宝钢、TCL 这些持续领先的企业，都是组织激活做得特别好，这些企业不断进行组织变革，并且成功了。

组织激活的效果有时候立竿见影。新希望六和现在着力的重要一方面就是组织激活。新希望六和 2013 年 7 月进行了组织变革，接着三季度盈利就开始大幅反弹，这和组织变革有直接的关系。

组织激活对于国家的改变也是一样重要的。邓小平改革开放的目的是为了推动经济发展，但他动作最大的就是组织变革——先设四个经济特区，再开放沿海 14 个城市，然后向中西部推进，最后全面变革。

为什么组织激活的力量那么强大？因为不管处于什么样的环境，在组织维度，一个企业始终会面临两大挑战：一个挑战是组织能不能适应外部的变化，另一个挑战是组织能不能让内部的人保持激情。很多企业能够判断变化，但是组织能力跟不上。外部变化常常会迫使企业进行战略调整，但是如果组织能力和战略不匹配，战略就不能实现。

保持活力的四大关键因素

激发管理层和员工的激情是很难的事情。一个组织能够保持持续的活力，就需要不断进行组织变革。我认为华为的最强之处在于自我驱动的力量，这种力量推动华为不断进行组织变革。以华为为例，我们探究一下，哪些因素决定企业是不是能够持续保持活力。

因素一：有没有很强的危机感

这常常是领先或优秀的企业所缺乏的。你能不能让组织一直有危机感？好的组织就可以做到。任正非总是说他没有成功过，比尔·盖茨经常说微软离破产永远只有 180 天，张瑞敏说他总是战战兢兢、如履薄冰。最近俞敏洪有危机论，说新东方走到现在再不变就得死。一个组织如果想活下来，想变好，就要有足够的危机意识。

危机意识的关键是高管团队。从老板到高管，都必须要有危机意识——有危机意识不是一件难事，别骄傲就行。持续领先的企业为什么强大？因为它们永远战战兢兢，没一天好日子过。基层则需要有安全感，因为基层没有能力对企业成长负责，如果你让基层一直有危机意识，那他们可能就做不好本职工作，从而影响产品的品质和成本。如果反过来，基层有危机感，而高层没有，后果将更可怕。

因素二：愿不愿意打破平衡

打破组织平衡有两种方式：一种是已经到了不得不打破的时候；一种是组织自己去打破，即弹性组织。好的企业，自己打破自己的平衡；不好的企业等外力逼迫，被逼转型。我相信柯达转向数字技术，比谁都有条件，诺基亚引领智能手机也是如此，但是它们都固守自己，不愿意打破自身的组织平衡，等到外力逼迫的时候，就破产了。

就我自己而言，我要是不打破原有的平衡，相信我可以过得很好，当教授舒舒服服，保持着教授把一个企业带到行业第一的纪录。我回到新希望六和，有很多的未知，它这么大，它遇到了挑战，我凭什么那么自信，做了就一定会成功？但我还是愿意打破稳态的生活，进入一个未知的领域。

我非常崇尚体育精神。我认为人类精神当中至高的是体育精神。我理解的体育精神就是永远不满足现状，突破极限，承受失败。体育比赛可以说是伟大的“发明”，因为每个记录必将被打破，每个成功的人终将以承受失败、超越自我告终。就像刘翔，他不可能永远保持百米跨栏纪录。我们现在更应该热捧他，因为他坦然地、高兴地接受失败，不断战胜自己。可惜很多人不是，他当冠军的时候对他好，他接受身体现实放弃比赛，就有人对他不好，这说明我们不具备体育精神。

其实人类的进步就是打破平衡，探索未知的世界，所以平衡一定要靠自己打破。

因素三：组织文化能不能包容变革

变革必然涉及失败，或者一定会出现很多问题，愿不愿意包容很重要。

从操作层面讲，推进变革是比较容易的。你只要不断表扬就行了，至于有没有完美的结果，不要过度追求。就像改革开放，四个特区只有深圳实现了完整可持续的成功。但是我们包容了另外三个特区，因为我们并不在意珠海、厦门、汕头的变革当下是否取得最好的成效。当时这四个特区确实变了，就应该被肯定。所以包容变革的文化很简单，就是不断奖励和肯定那个做变化的；如果要等到做出结果才肯定，就没有包容了。

因素四：够不够坚持

有变革就会有阻力，因为变革都会涉及利益调整。伤了别人的利益，你怎么能让他认同呢？所以阻力会有，有一些是消除不了的，你不让变革阻力变成主流就行。

要进行变革，还会有当期利益损失。所以坚持、韧性就很重要。至于如何坚持，依各人性格而异。有的老板武断，反正就是要变，十套马车来也拉不回去。有些人有很强的说服力，一直说到你服为止。我更多是用沟通的方式，用成功样板的力量。

走向水样组织

如果企业要基业长青，持续保持有活力的状态，组织形态将会走向何方呢？

在未来，一个有活力的组织的理想状态，我将之称为“水样组织”——像水一样的组织。水很纯净，不管有什么污染，都可以滤掉；很柔，具有无限多的可能，放在圆的器皿里就是圆的，放在方的器皿里就是方的，没有结构，怎样变化都可以；但是它又能够克服所有困难，滴穿顽石，磨圆棱角，包容一切。这种特征表现在一个组织里，就是每个人习惯协同，像水一样变换——在这件事情中，你可能是最普通的人，绝对服从另外一个人；在另一件事情中，你最重要，别人要服从你。

当然这样理想的大型组织还没有出现，但这个方向很清晰。

未来企业有组织无结构

现在的企业组织都有层级有结构。这样的好处是易于分配资源、分配权力、分配利益。比如你有 10 亿元，你决定用这 10 亿元来推动公司开拓 10 个产业，你就把组织设计成 10 个产业部门，1 个部门 1 亿元，完成了分配。通过结构来分配，好处是有分工和效率；坏处是一旦有了结构，就会有路径依赖，有既得利益群体，甚至有腐败。结构经常被打破的话，腐败就可能减少。当组织要进行变革的时候，因为要保护既得利益，既得利益者就会变成阻力。

但是，当下的关键问题不在于结构优缺点的衡量，而在于技术的瞬息万变。以前，一个新技术转化为新产品要几年，现在的转化可以以秒为单位：昨天你可能还在思考的问题，今天就产品化了。企业原来是有结构的，结构都是相对稳定的，稳定的结构无法匹配上快速的变化，无法匹配上极不稳定的外部变化。所以结构就会伤害你的新决定，伤害你面对变化的能力。结构和变化就形成悖论。稳定和不稳定形成矛盾。

适者生存，为了适应快速变化的环境，未来的组织一定是没有结构的。

没有结构的组织，现在被理论描述出来的是“团队”。团队没有结构，典型的就是体育运动队。例如足球队，队长是领导者，还是教练是领导者，还是守门员是领导者，还是前卫是领导者？谁都是，又谁都不是。在球往前攻的时候，前半场的前锋就是领导人，他决定怎么踢；球到了球门，守门员就是领导者，所有人都得服从他，尤其是罚球时，守门员告诉队员站哪儿，就得站哪儿；一旦进入比赛场地，就是队长在组织全场，中场协调；一旦离开球场，就是教练说了算。这就是标准的团队，没有结构。

在我的认知里，最接近这种组织理想状态的国内企业是华为。其实华为最成功的就是组织能力。华为一直在打破组织惯性，现在连一个固定的总裁都没有，只有轮值 CEO，华为怕大家固化、僵化，所以把传统管理岗位都打破了。

相信组织的力量

标准团队通常有 12 人左右，规模很小。大规模组织要像团队一样灵活多变很难，但相信也可以做到没有结构。我理解的组织，不是用来掌控或者管理人的。一个好的组织提供人发展和创造价值的可能，让不能胜任的人胜任，组织本身是一个平台。组织可以集几万人、几十万人、几百万人的力量于一体。组织也可以带动几万人、几十万人、几百万人如一人。所以组织的力量可以非常强大。

中国企业比较相信领导者，不太相信组织。优秀的企业都是不再相信领导，转而相信组织，所以企业的能量无限大。

因为领导者成功 20 年之后会有很大的局限性。这就是为什么在组织结构设计中一定要有轮岗；国家领导人做两届必须离开——继续做下去，就是障碍。华为任正非不是这样，他真的做到他本人不重要，只是承担一个角色，组织绝对最重要。在华为高管团队开会的时候，任何人都可以向任正非开炮，他很谦虚地接受。新希望六和也在往这个方向推：谁负责，谁权大，而不是因为你是总裁或者副总裁；然后协同最重要，不是命令最重要。

难点在于人性

“水样组织”的成熟形态还没有真正产生。我认为主要的原因在于人性，人要完全把“自己”打掉，才能有一个像水一样的组织、开放合作的组织，所以很难。

比较贴近水样组织形态的是3M。3M开发了60 000多种高品质产品，员工可以用15%的上班时间做任何与工作无关但可以激发创意的事情，一旦有了创意，其产品创意小组有非常大的自主权，由各种专门人才专职共同参与，任务无限期，自愿加入。如果失败，没有任何惩罚，如果成功，会立即获得很大的奖励。

在华为，员工的级别序列从0级到26级这么分，入职就是0级，再往上升。华为人骄傲的不是当总裁或副总裁，骄傲的是我是19级员工，或者我是20级员工。所以华为人可以轮岗，他的收入跟他的岗位不相关，只跟他的责任相关。华为巧妙地用职级替代了结构，已经有些像水样组织了。

GE的杰克·韦尔奇推出无边界管理，就是想完全打破结构。只要这一件事你能干，就交给你，即使在管理权限上本来不管这事。韦尔奇的想法是将各个职能部门之间的障碍全部消除，工程、生产、营销以及其他部门之间能够自由流通、完全透明。他希望以此解决生产的柔性化和机械化之间的矛盾。

改变从高管团队开始

要往水样组织的方向走，要从管理团队开始。核心管理团队首先变成真正的团队，有角色不要有结构，高管团队先实现决策多元，在A的问题上你得听我的，在B的问题上我听你的。把高管团队往“水样组织”方向推进了，才有机会往下推，达到组织整体的理想状态。

华为高管团队成员为责任而组成，因需要变动，对自己的责任负责。高管团队成员责任感越强，向更有活力和生命力的“水样组织”变化的可能性就更大。因为有足够的责任感，一个普通人都能够超越自己、创造奇迹。更重要的是，责任感存在于人类的天性之中，甚至连动物都有责任感，这是生命的内在要素，只要把责任感激发出来，“水样组织”的到来就在不远处。[41]

后记

成功=没有成功，只有成长

这是2015年1月我在《商业评论》年度论坛上的讲话，我把这次讲话的内容作为本书的后记，是想最后再一次从环境变化入手，阐明为什么需要一个全新的组织管理模式。

最大的难题是：变化

我们都知道这个时代一个最大的难题就是变化，在变化中怎么做经营的选择。我最近感触最多的就是大家无处不在的焦虑。比如有的制造企业听到互联网完全不知道该怎么办。我在回看互联网的时候，就能发现人们焦虑是有原因、有道理、有理由的。因为你会发现那些很年轻的新兴企业、很年轻的企业家用很短的时间就聚集了很大的财富并成就了伟大的梦想。我想互联网最大的诱人之处就是让你能瞬间得到名与利，这样一个刺激太可怕了，因为这是人性内在的需求，也正是因为这样让所有人都很紧张。所以我说**要让自己的心安定，当然心安定的根本原因还是你要在市场上立得住脚**！所以我想不管对互联网怎么看，作为企业的经营者还是要做出真正的选择。

我想选一个大家都熟悉的产业来做我今天演讲的一个前言。我们都知道技术的改变其实是可以让企业变得非常快，比如摩托罗拉曾经雄踞世界第一，然后被诺基亚替代。再看苹果，三四款产品，出货量数千万部；三星，它以一个更加策略性的方式找准自己的产品定位，它通常的方法是垂直整合，把成本与利润整合一并做完。不过，今天你会发现又有这样一个企业，你不可估量它的未来，这家企业就是华为。造成这些变化真的是互联网的原因吗？有时候我们会因为外部的现象，而忽略了背后的原因是什么。我不认为这是互联网的原因，根本的原因是一个企业不管走的有多远，不管它曾经多大，如果忘记顾客就一定会失败。所有失败的企业根本原因不是因为技术替代，只能是因为它离顾客越来越远，**它真正被淘汰实际上是被顾客淘汰，而不是被技术淘汰。**

从今往后，拿掉“传统”这两个字

我们看到那些成功的企业，总结下来基本是四个方面做得很好：第一，它一定会创新；第二，有非常强的危机意识；第三，最高领导者的坚持；第四，明白顾客需要的就是企业的真正追求。简单来说，你不必对互联网过于焦虑，因为那仅仅是技术，或者说这个技术特别的地方是因为它改变了所有人的生活方式。你并不需要焦虑，因为只要你能基于消费者去做创新，我相信你还是可以活得很好。所以我很想告诉大家的是，**核心是要思考你为什么增长，而不是去考虑新技术给我带来的压力和挑战是什么**。我们在任何情况下都要记住，对于企业的经营者来讲，如果外部环境不提供机会给你，你就不要考虑外部环境，除非你打算不做了。如果你打算继续做，我相信对你来讲最重要的是寻求机会，而不是看有没有机会。如果从这个角度讲，没有任何公司因为规模扩大而不能再增长，这一点我相信大家都同意。

我特别喜欢沃尔玛，你会发现这是一家规模非常大的公司，但是你同样会发现这家公司好像依然在寻求增长，我们都知道互联网对它的冲击应该是最大的。我最近在北京的时间比较多，感受最深的就是大面积关店潮，特别是各种各样的超市、百货店关的速度非常快，上个星期可能还有这个店，下个星期就没了。但是你会发现沃尔玛没有受到干扰。2013 年它做了一个非常大的转型，花更多的时间去做 1 号店。

没有任何的行业说它是百分之百的成熟，虽然大家喜欢谈传统企业会怎么样、传统制造业会怎么样。我希望从今以后“传统”这两个字要拿掉，任何一个行业在每一个时间段都是与时俱进的，不存在传统这个概念。所以你应该理解说，我是制造业，但是一个新的制造业；我是服务业，但是一个新的服务业。我相信这是一定成立的，因为你总会发现没有完全被占领的空间。我前面谈到手机产业的调整，实际上就是告诉你，成功只能意味着过去，你也许不知道新的游戏规则和新的竞争者会在哪里出现，但是它一定会现身。没有任何公司能成功到不可能失败的程度。

从外向内看与组织的思维惯性

对我来讲，我最关注的是组织管理，我本人非常在意的是中国企业能不能找到非常好的成长方式。大概 20 年前，我开始做“中国领先企业的研究”，在这 20 年的研究过程中，最深刻的感受就是我们的企业在发展到一定阶段时，遇到最大的挑战是组织的瓶颈和惯性。一个组织到底有什么样的思维惯性，这对企业来讲是至关重要的。我们常常说改革难、转型难，很大的原因是整个组织的思维惯性卡了壳。我昨天跟一帮企业家聊天，我说：**我不认为创新很难，我觉得转型比创新还难。**我现在在帮一家企业做转型，我进入这家企业一年半的时间，实现了一些我们看得见的变化。所以我非常清楚地知道转型比创新到底难在什么地方，其中很重要的是整个组织的思维惯性。**这个思维惯性当中重要的是区分，你是增长型的思维，还是非增长型的思维。**非增长型的思维就是把 KPI 完成，不要冒险。但如果是增长型的思维就会不断地努力去做，我们在任何情况下看到的都是机会，不会仅仅看到挑战和压力，所以不可能有焦虑。这时我就在想，**如果你有焦虑，那么一定是你的思维方式错了，如果你的思维方式没错，按道理你看到的应该是机会，因为今天从未有过这样的商业机会，那样的丰富和多元化**。我相信这是所有人都承认的，所以我们也要求，你在战略上要有一个很大的挑战，这个挑战就是要从外向内看，不是从内向外看。

很多人在问我，说自己的公司有30年历史，核心竞争力很强大，我就说忘掉它吧。我们都知道为什么华为有竞争力，因为在**华为的逻辑里面只有成长没有成功，它从来没有讲过成功，一直在讲成长**。我回到新希望六和，他们问我新希望六和有什么，我说我们只走在成长的路上。我想这就是我们要讨论的事情。在今天，你一定要从外边往里看，而不是从里往外看，你只有从外往里看的时候才能找到真正的发展方向。

这个**从外向内看的原则**很简单：第一，你从外审视你的企业；第二，不断扩大对市场、对行业的理解；第三,一定要利用真正的细分来明确顾客需求；第四，你的能力，特别是核心能力要不断地重新构建，只有不断地重新构建打磨这些能力的时候才可以做到。这对很多企业来讲可能是一个比较大的挑战，如果是这样，根本的问题就是你愿不愿意确立一条增长的路，这是根本。我们知道今天的经济进入了一个新常态，北大的海闻校长对新常态用了三个概念，增速开始调慢，结构开始调整，新技术产生。我非常认同。的的确确整个外部环境在变化，我们大部分产业都遇到产能过剩的结构问题。像我所在的行业，中国的饲料产能利用率只有38%左右，在这样一个完全产能过剩的市场环境中，你的增长从哪里来，我跟同事说增长点只可能在结构内，不可能在结构外，结构内的增长和结构外的增长这两者对企业的要求是完全不一样的。

新技术的出现，不仅仅包括互联网，我们看到更多新兴的技术在各个行业都带来了非常多的挑战，所以就需要大家一定要明白，在新常态下，我们要问自己这条路应该怎么走下去，我相信这就是今天对各位最重要的问题，你怎么确定你的增长之路。希望大家更重要的是看到变化带来的机会。你对你行业的认知应该是要改变的，我之前十年当中离农业稍微远一点，十年之后我回归农业，在 2013 年 10 月，我跟这个行业的许多同行交流时，探寻这个行业最大的变化是什么。以前是农民来评价饲料企业好不好，现在是消费者来评价饲料企业好不好，你的产品安不安全。如果从农民的角度评价，最重要的评价是你的服务方不方便、成本低不低、质量好不好，但是消费者就是看你的产品安不安全。整个评价体系变了，这时候你对行业的定义就要变。

我相信所有的行业也一样遇到了这个难题，这个难题就是行业的定义会变，你不能用你的经验、历史再来规划你的行业，如果是那样，我相信你被淘汰也是必然的。所以我个人认为，从某种意义上来讲，如果能重新定位，其实机会更多。重要的是你要知道顾客的需求是什么，你增长的路径怎么安排，你的产品、技术怎么组合，你用什么方式和速度去发展，最重要的是你跟谁组合在一起。事实上，如果你想确定一条增长的路，只有一件事情可做，就是超越自己，做出改变。

向自己挑战，
任正非：“今天的战争是班长战争”

我在 2014 年 9 月 30 日给新希望六和经理人写了一封信，标题就是“向自己挑战”，你只能挑战自己，不是你挑战别人。这是我们今天的难题。组织做调整、转型应该怎么思考？我也讲过转型比创新还难。原因是什么？因为创新的时候我们的思维是做好准备的，转型的时候思维并没有做好准备。如果你要转型，那么你和你的组织首先要做的就是**思维方式的**

转变。

我在很多场合讲到哈佛商学院营销学教授西奥多·莱维特说的一句话："顾客不是想买一个 1/4 英寸的钻孔机，而是想要一个 1/4 英寸的钻孔！"我们关注的都是产品，如果你的思维没有在顾客的角度，那么转型不可能成功，因为只有真正回到关注顾客需求才可以成功。

其次，**转型到底做什么？**转型真正要做的就是提供解决方案！我们都知道，对石油的危机、未来的危机、空气的危机，我相信全世界都喊了很久。从我的角度看，我们不缺乏转型的思想、观点、逻辑，我们最缺的是行动，转型必须用行动检验，必须提供解决方案。我跟很多人都讨论转型，可能很多企业都讨论过这个问题，可是你会发现你的经理人或者你的团队不断地跟你说转型的时候，他的动作还是按他的经验，所有的动作可能最后只是从他的经验中拿出一个解决方案草草了事，甚至当你想选拔一些年轻人，他们也会说你一定会失败，为什么？因为大家觉得经验很重要。思维上来讲，我们如果真的在做转型，最重要的是看行动，不是看你说了什么，最重要的是你有没有解决方案，而不是看你整个体系或者系统怎么设计。

最后，**转型最核心的是什么？其实是效率**。第二次世界大战，同盟国之所以取胜，是因为美国用了泰勒的科学管理原理，让其一国生产的物质比其他所有参战国的总和还多。在今天，我们虽然说中国的 GDP 很高，甚至一切发展都非常漂亮，但是有一点我们非常清醒，在效率上我们没有非常明显的进步。没有效率上的进步，我们看到的结果就是要耗费资源去获得增长。如果国家和企业要真正地转型，我相信其中本质上的要求就是提高效率，而核心我认为就是人的投入产出，这是在做转型中我个人非常建议你要关注的问题。

当然，转型的难题是在整个组织中怎么去做调整，也就是组织转型。我们现有的组织形式都是职能、专业分工加流程，包括如何在流程体系建设当中加快决策速度，最后让组织有效实施。最近，我们在新希望集团内部也在做创新研讨，我们发现很大的难题就是如何保证决策在一线得到实施。今天组织上最大的要求是什么？就是让权力能够去到一线。用任正非的话讲：**今天的市场竞争是一个“班长战争”**。我自己进入新希望六和的第一个动作就是拆分组织单元，必须让所有的决策和资源进入一线，因为只有一线才能带来顾客的增长。所以未来的组织结构我相信应该被打碎，也许不在未来，现在就应该被打碎。

互联网厉害的原因就是可以去中心化、去平台化和去权威化。新的组织模式基本上是要求一个一个项目、一个一个团队或者一个一个经营单元独立完整地面对顾客，获取顾客的满意度。这是对组织者变革很重要的要求，换个角度说，组织转型的核心就是要持续地向顾客做出反应。

转型成功的关键三要素

2014年的“双十一”大家都看到，最大的进步就是配送的速度加快很多，还有一个变化，以前所有人都等到“双十一”当天才开始按键购买，今年在“双十一”提前一周就开始了。很多事情在变，响应速度的加快使得所有东西都出现了一个巨大的变化。

我们如果真的要做转型，成功改变最需要也最关键的就是这三个因素：

第一，变革领导者。你必须真正了解到，你怎样帮助所有人相信改变会带来美好。所以今天的管理者在很大程度上需要传递正能量，你要像一个布道者一样去工作，你不能仅仅告诉别人应该怎么做，你还要告诉他做这件事情会得到的美好是什么、支撑是什么，这种正能量的推进是对所有管理者的新要求。

第二，我们要形成一种文化，这种文化要能够帮助整个组织做变化。

联想30周年的时候，柳传志写了一封信，里面提到了“联想的发动机文化”。我在看到他这封信的时候非常认同。联想内部是一种发动机的概念，高管是大的发动机，子公司是小的发动机，他们像齿轮一样，互相咬合，有动力。所以才会不断有新的小发动机出现，让我们看到了联想今天的辉煌成绩，这就是对文化的要求。我们在不同阶段对文化的要求不一样，今天，我们对文化的要求就是如何激活组织，如何激发活力。你怎么才能让组织中的每个人变得很正向、有活力。

第三，对人的要求。我们今天都希望找到优秀的能人，可其实应该是找“对的人”。为什么我们要找“对的人”。今天遇到的情况是复杂性带来的多重混乱。管理中的混乱和复杂就是增长的速度超过了整个组织中能力增长的速度。传统行业当中能够懂互联网的人很少，这说明你对这个时代增长能力已经没办法把握了。我估计很多从事互联网行业的人也会焦虑，他会说我有这么多能人，我不知道怎么管理了。

增长的复杂性和能力关系之间会有一个差，这个差就叫混乱。这就是我们管理的挑战。你要让“对”的人的增长速度超过复杂性的增长速度。这个事情难在哪里，怎么做？其实我一直对海闻校长很感恩，因为他极大地在包容我。假如我是那个“对的人”，这个包容是有价值的。当你与“对的人”在一起的时候，对组织有一个最大的挑战就是组织边界平台能不能打开，这是核心。很多企业为什么在今天找不到合适的人才，原因是你很想拥有一个“对的人”，但是“对的人”很难拥有。

我希望大家在做转型的时候必须要做三个准备：第一，你的起点要在顾客，不是在产品。第二，你必须记住，转型是用行动检验的，要提供解决方案；第三，你真正要做转型的核心是提升整个组织的效率。组织转型的概念就是要把决策机制放到一线，让你的团队真正面对顾客，更重要的是我们要改变管理者，改变整个公司的文化，找到“对的人”。

每年到年底的时候我自己都会对下一年做一个判断，我不能保证说它是对的，但是我很愿意跟大家分享，既然两位我最喜欢的老师和教授邀请我过来，我就要贡献一点价值。我贡献的价值就是我对下一年的看法，我愿意说出来并愿意带着我的企业朝这个方向做。

我最近讲得最多的就是两个案例，第一个是“三只松鼠”，我特别喜欢它，它一出来我就买。这个企业2014年“双十一”单日的销售额超过一亿元，经营者从来没有这方面的经验，却创造了这样一个奇迹。今天你一定要把你对顾客的理解理解到极致，你的产品才有价值。第二个案例是小米，我关注小米不是因为它现在的奇迹，最重要的是它真正了解跟顾客之间的关系，真正建立了一个互动平台。

我开始理解数字经济的时间是1995年，当时因为我发现三星开始转型，提出的主要口号就是“数字改变生活”，当它提出这个的时候，我们看到三星跟索尼之间的关系发生了翻天覆地的变化。而我一直在家电领域，所以我跟我服务的家电企业讲，你要关注数字、时尚，你要想它不是一个家用电器，而是一个快消品。互联网与数字经济带来的最大趋势就是你要做品质更高、范围更广的沟通，才有机会在这个市场当中看到你的增长，这是第一个特点。微博出来的时候我并没有参与，我觉得那是太多人的平台，可是我被一件事情打击了一下，微信出来的时候我马上参加了。

一次打击

有一天一个人说必须要来找我。我说为什么？他说：“我就是因为听了你的话把企业给做没了。”我说：“我不认识你，你怎么听过我说的话？”他说：“你有微博，我在微博上听了你的话，我照做就死掉了。”我说那不是我的，他说就是你，上面的文章都是你的。我说：“你把你的问题再说一遍，我现场给你回答。”后来他问问题我解答，他说：“看来真的不是你，如果听了你的我肯定不会死掉。”我说我免费帮你，一定要让你活过来才行。这件事之后，我上微博问："你是陈春花本人吗?"他说："我不是，我是他的铁杆粉丝。"我说："你干吗要做这件事情?"他说："我太喜欢她了，她又不上微博，觉得她的思想需要很多人知道，我就帮她搞出去了。"他微博的名字就叫"陈春花教授"，我说："你搞出去可以，但是你不要回答问题。"他说："我基本上理解了你的思想，可以帮你。"我只有要求他赶紧关掉它。微信出来我就开始使用，现在我还没有微信公众号，是因为我要安心地帮一个企业做转型，但是恰当的时候，我一定要自己开设（通报大家，我的公众微信号已经开设，名字是"春暖花开"）。我把这件事情告诉各位的意思是，你不去跟别人沟通，别人会"帮"你沟通。这就是这个时代。

第二个特点，互联网和数字经济带来最好玩的一件事情就是它的企业价值不由企业创造，是有很多人一起来跟你创造，包括顾客，包括所有相关产业链上的所有人，所以企业一定要想办法变成一个能让顾客与你做价值创造的平台或者机会。像今天，由我们在座1000多位企业家一起来创造，"商业评论大会"的价值就会放大出去。

第三个特点，要更关注你与生活之间的互动。竞争本身是提升生活品质，不是伤害生活品质，你必须做一个安排。第四个特点就是终身学习。

三句话说2015年大环境

今天我们所处的经营环境的第一个特点是"成功乃失败之母"！因为我确确实实知道今天最常见的做法就是谁成功就颠覆谁，这个说明我们对自己要有很清晰的理解。环境的第二个特点是对管理者来讲，对你的要求变了，原来是你能解决问题就好，解决问题找到原因；但是今天这个时代最重要的是你解决问题还要找到机会，你有了这个能力就可以面对你的顾客。环境的第三个特点是企业会有增长点，这一点来源于创新，来源于一切变化带来的机会。不管新常态也好，整个国际形势怎么样，增长才是真正的硬道理，转型一定是我们必然的选择！

在我看来，2015 年大环境可以用三句话概括。**第一，互联与融合。** 2015 年一定要想办法问自己跟谁互联、跟谁融合。**第二，线上线下。** 互动不仅仅是双向的、多向的，还是垂直的；**第三，资本与知识。** 2015 年你会看到更重要的一件事情就是资本与知识组合在一起，会让你的价值最大化。2015 年从企业的内部视角看，我认为你应该关心三件事情。**第一，生产率。** 关心你的生产，你真正的效率一定要做出来。**第二，回归到产品。** 真正让你的产品做到极致，互联网一定会把你联起来。**第三，真正与顾客互动。** 这就是我对 2015 年总体的想法。我讲这些想法的目的就是帮助大家真正接受 2015 年给各位提供的机会。

我用爱默生的这句话勉励我自己，我把这句话也分享给各位。在今天，一定要“接受不能改变的，改变你能改变的”。我相信所有的机会都是你的。谢谢各位！

众创空间第一辑

第一部分 嘉宾对话

本期对话嘉宾，《中国企业家》杂志执行总编辑何伊凡。

何伊凡： 各位朋友大家好，非常感谢各位参加今天关于陈春花老师《激活个体》的微访谈，我是《中国企业家》杂志的何伊凡，陈老师这本书我之前已经有幸拜读了，有很多收获，今天我们就书中比较核心的问题和陈老师做一些交流。

陈春花： 好，请何总编提问。

何伊凡： 大家好，我们现在从第一个问题开始。其实如何重新定义个体和组织的关系是移动互联网时代的管理与新挑战。所以，我们首先想请陈老师简单概括一下，组织管理正在发生哪些变化？谢谢！

陈春花： 互联网的确给组织管理带来一些全新的命题，这些命题其实是从组织管理自己的核心命题开始发生了很大的改变。研究组织管理的人大多会知道，组织管理的四个核心命题是界定个体与组织的关系，界定组织如何去激励和管理个体，界定组织和环境的关系，以及界定组织的可持续性。

有关这四个命题当中，我们如果不基于互联网去讨论，而是从传统的组织理论当中去了解，个体和组织中间的关系是要求个体服从组织，要求个体对组织的目标做出贡献。组织与个体的关系当中，组织常常会忽略个体，会考虑组织的目标，组织是因为目标而存在的，而如果个体没有对目标做出贡献的时候，组织其实是不会关注到个体本身的。而当组织跟环境的关系当中，其实组织更加关注到的实际上是影响组织生存的影响因素，比如，社会及其结构，以及市场和技术，比如组织的价值观，更关注组织氛围本身，可能没有关注个体本身。

互联网带来的组织管理的变化实际上是基本命题的根本性变化。这些变化把刚才谈到的组织管理的四个核心命题都做了彻底的改变，而这种改变一方面体现在个体与组织的关系当中不再是个体服从组织的关系，而是个体与组织共生的关系。这个改变是一个非常巨大的改变，因为这个改变会挑战组织本身的权威性，也会挑战组织的层级结构。第二个根本性的改变，就是组织必须以外部为导向，而不再是简单地以目标为导向，它必须关注变化，关注变化对组织的调整，而不能仅仅是考虑组织目标本身。所以，很多时候组织实现目标后，在更大程度上可能是组织要接受新的挑战，而不是实现目标本身。第三个是组织本身需要打破内外边界，不再基于组织自己的考虑，也不再基于组织现有结构的考虑，而是要不断地调整，让组织能够面对变化，与变化共舞。所以，组织管理的基本命题已经有了根本性的改变。

那么，这些改变会使得我们不得不重新考虑管理当中的一些基本问题。比如，管理理论诞生至今的100年中，其中一个非常重要的角色就是职业经理人的出现。而我也把它称为雇员社会的出现。所以，在过去30年当中，我们也会关注职业经理人本身的角色所具有的价值和意义。但是互联网带来的最大的挑战，可能就是雇员社会的消失，可能我们关注的不再是职业经理人，反而是在新的格局下，每个成员个人价值的成长。所以，我会谈到个体价值崛起的问题。

当个体价值崛起时，也就是组织层级的关系，组织管理的一些基本概念可能都被做了调整，这些调整也带来根本性的变化。因此，管理在互联网时代下要有全新的范式，这个全新范式的核心叫作创造共享价值。基于共享价值为基础的新范式，就是今天我们要讨论组织管理的一个基本核心，也就是让组织如何具有更大的开放性，能够为个体营造创新氛围的这样一个核心命题，我想这些就是根本性的改变。

何伊凡： 陈老师，刚刚您谈到了一个职业经理人的问题。我也观察到，这两年出了一个新的说法，叫“事业合伙人”。比如万科，还有很多大公司都要做这种改变，就是把自己的同事，比较优秀的同事变为自己的合伙人，这种方法可行吗？

陈春花： 其实这的确是现在可能要特别关注的一个现象。也就是，如果我们还是沿用职业经理人的概念已经无法满足我们今天看到的个体价值需要崛起的这个需求。所以，大部分的企业都在探讨，叫作“事业经理人”或者直接叫作“合伙人”，那么这个“合伙人”制的出现，也就是要解决这些优秀的个体，怎么能够在组织当中发挥价值的这样一个需求。

这个现象也就是未来的一个组织管理的基本趋势。如果组织不能够提供这样一个共同事业发展的平台，而仅仅是用作我们之前的一种习惯，叫作“经理人”的习惯，可能优秀的人才无法留在组织当中。我想不是可行不可行的问题，可能必须是按照这个方向去做安排，唯有这样的安排，才可以使得这些优秀的成员能够留在组织当中，哪怕他流失在组织之外，也可以通过建立共同事业平台，提升组织成长的持续性。

何伊凡： 陈老师，当前流行的互联网思维里有一种说法，叫“U盘化生存”，认为现在组织应该去管理化，但是我看您在书中提到应该更倾向于管理的强化，而不是应该淡化，怎么理解这个问题呢？

陈春花： 谢谢何老师，其实这的确是一个特别需要大家关注的话题。很多时候，我们会看到个体的成长，可能会比较希望能够得到扁平化，或者是更加直接地得到资源。而这种扁平化，或者得到更多资源的一种安排，往往就是大家希望把管理的层级拿掉，把管理本身的一些概念拿掉。但是，为什么我会反过来比较坚持说要强化管理，我们可以回到管理本身进行讨论。管理本身并不是要影响个体的发展，管理本身的核心是激活人。德鲁克也说过，其实人是最重要的资源。

如果我们不能够很好地把人激活起来，只能说明你的管理本身出了问题，而不是说管理价值的丧失。我们大部分的情况下，没有把管理的效率发挥得非常好，很大的原因是大家把管理看成一种管控，是一种对很多东西的限制，甚至当设计流程的时候，也常常把流程变成一种控制本身，并不是让它去优化，去提升人的效率。这本身实际上是违背管理的价值。管理本身最大的价值是让不能胜任工作的人可以去胜任。从这个意义上来讲，管理实际上是在激发和帮助人的价值释放。

我们之所以没有把管理做得很好，是基本的管理价值没有被管理者承担下来，而人们更在意权力，更在意职位，更在意管控，这实际上是对每个人价值的一种扼杀，或者是控制，如果我们能够反过来把管理本身的价值发挥出来，其实是可以帮助到人的。

我们很多时候看到一些企业好像在管理上非常简约、非常简化，我相信这些因为在初创的时期当中，其实管理并不需要花费太多的工夫，我甚至在很多场合讲，你的公司在150人之内其实是可以不讨论管理的。

人员比较多的时候，当有多重任务的时候，当要每个职能去协调发挥时，管理就会起作用。所以，我们不是强调去不去管理的问题，很大程度要回归到管理本身来，就需要怎么能够让每个人在他的岗位发挥作用。

也正是从这个角度去讨论，所以我才坚持说，我们应该加强管理，而不是说“去管理”。那么我们所要“去”的实际上是简单的KPI，简单的一种管控，简单的一种权力的概念，反而应该认真回归到管理价值本身，怎么样去驱动人，去激励人，让不能胜任的人胜任。

何伊凡： 陈老师，过去像华为、万达，包括新希望这样的公司，其实最初增长的动力是来源于组织的整体，来源于它强大的执行力，而不仅仅依靠个体，当然在现在好像世界已经变了，在组织的活力和个体活力之间，是否也要寻找一种新的平衡呢？就是对大公司来说，是否也要寻找这种新的平衡？

陈春花： 对，的确是这样的。因为在每个组织的不同发展阶段，很重要的要求是要配合到企业发展的战略和目标。我们如果往前回顾一点就会发现，其实在中国的大部分行业和市场当中，规模的增长是一个根本性的成长方式。在规模增长当中，是需要整个组织集中力量要特别强大，然后按照一个有效的协同，以及对成本和规模的平衡能力去获取更大的增长机会。所以，我们看到很多大的企业在前 30 年当中有高速的增长，都是源于它的组织整体能力来推动规模的增长。

随着今天整个竞争环境的改变，对于很多企业来讲，最重要的是要转变增长方式。这个时候创新变成是一个核心的基本要求。而在创新当中，更强调的就是在组织内部，个体的崛起，以及个体价值的释放。更重要的是让组织变得更加灵活，更加有弹性，更加可以面对整个变化。在这种灵活、弹性的组织，我曾经称之为像水一样的组织，它必须有足够的柔性来包容各种变化和各种创新。这种包容当中有各种变化和各种创新，其实最重要的就是能够接受个体在其中发挥的价值，这些个体发挥的价值是可以帮助企业能够激活整个组织的，而这样的一个可以激活和柔性的组织其实是最具创新能力的。那么具备创新能力的组织在今天来讲更重要，因为外部的市场和环境对组织的要求已经不再是一个简单的规模概念，而变成是一个必须用创新和转型发展的方式来获取增长。

如果我们以前是一个规模增长的线性逻辑，现在实际上是一个非线性的增长逻辑，而这个非线性的增长逻辑要求你在区域范围内能够有一种产业协同效率被发挥出来。如果要获取区域范围内的产业协同效率，在很大程度上，组织必须是开放的，必须是能够接受变化的，这个时候对组织的柔性会要求更高，而不是去强调一个整体效率，反而是强调协同的效率。

这种协同的效率，其实也就是要求内部能够真正变得更加具有开放性，更加具有创新性，更加尊重其中个体所创造的价值。所以，因此无论是万科，还是华为，包括我所在的新希望，我们其实都在打造这种全新的组织形态和能够包容创新的组织模式。

> **何伊凡：**我举个具体的例子，我最近刚刚从苏宁回来，了解到一个情况，苏宁过去在向云商转型之前，有一项规定，不允许他的员工创新，因为做零售的，一创新就会违背它的标准化。现在因为他要转型，所以他必须鼓励员工去创新，还有很多创新基金之类的，理论上都没有问题，但是真正实际操作当中，员工感觉比较拧巴，包括推动者，具体的中层也感觉需要有一个过渡的过程，像这种转变过程当中的不适感是不是在这种大型公司，在激活个体的时候是普遍存在的呢？

陈春花：这个我同意，何老师刚才举的这个例子当中，看到在大型组织激活个体和转变当中遇到的这些障碍和困难。我觉得苏宁之前要求不能够创新是对的，因为服务是更强调它的一致性标准和它的规范。但是，当你必须要转向线上的时候，的的确确又必须要用创新。这个时候同一组人，如果在不同的价值判断和要求下做一个非常大的转换和调整，甚至某种意义上，可能是一种有冲突调整的时候，这实际上是非常困难的。

那么，要解决这个部分的问题，需要一些方法。比如，必须在组织内部设一些特区，在这些特区当中，要把流程，把一些价值的标准，甚至包括考核可能都要做出特别的安排。然后，让这些特区当中的创新和创新所得到的绩效结果能够被确立下来。当这些被确立下来的绩效结果和创新方法被确认的时候，就可以在内部树立了好的标杆。

很多的组织希望通过向外部学习找到创新之路，我觉得这个方法的可行性可能会比较小，因为不同的组织，它的文化，它原有的历史的沉淀、核心能力都是完全不同的。最好的方式还是要在内部树立标杆，当内部的标杆被确立下来的时候，它可以从整体的内部去做根本性的改变。

所以，不能够仅仅是从理论上去介绍说，我们如何创新、如何转型。必须是在内部要有真的解决方案，要有标杆，要有实施成效，要有资源的匹配，还要有很多流程的调整，这一系列的要求其实是对公司的很多东西提出了挑战，甚至包括对于领导力的评价，核心价值观当中是不是要增加一些创新的元素，可能都会被提出来。当把这些都做到的时候，我们才可以去讨论原有的大型组织如何做创新。

所以，我不建议简单地去谈创新，或者是转型。我还是建议要有试点，要有资源的集中、匹配，要有试点标杆的成功案例，要有内部的方法论，然后从理论到方法论都解决，包括有实际成效的标杆出现，我相信这个内部创新的调整可能才会实现。

何伊凡：过去很多公司都是习惯从产业链的角度来思考问题，从原材料，然后一直到最终的用户，中国公司特别喜欢做全产业链。现在有更多的公司已经开始从价值链的角度思考问题，也就是从用户端思考问题，您觉得这两种角度有什么不一样吗?

陈春花： 产业链的思维应该是在某一个阶段必须讨论的一个战略方法。因为过去的很多行业在中国市场中，会遇到整个产业链的相关合作者不完全能够有能力配套。因为它不能够完全能力配套时，变成领先的企业，或者是我们叫作龙头企业，它不得不全产业链去做考虑。所以，当它必须这么做时，在很大程度上是可以更快地提升整个产业的能力和水平的。

但是，随着我们看到的分工的细化，以及产业链上合作者能力的逐步提升，甚至某些产业链环节当中个别的合作者，它的能力提升的速度，甚至超过产业领导者的能力时，可能用全产业链的思维方式没有办法去解决今天整个行业或者整个产业发展的速度以及具有竞争力的问题。

其实我自己在2004年开始，就不断地讨论企业之间的竞争，不再是产品与产品、产业与产业、企业与企业的竞争，它其实是一个价值链的竞争。我在2004年提出这个观点时，就是基于我们怎么能够从顾客价值的角度来提升全产业链的价值。如果仅仅是产业链自己这样一个安排，有可能会使得产业链的价值会被破坏掉。比如2010年前后的时候，我们看到很多的行业都陷入了一个低谷，甚至为了让把自己的产业链做得比较丰富，产能的过度消耗和过剩也变成了一个基本的事实。这个时候你会看到，全产业链没有价值。

为什么全产业链没有价值？因为它没有考虑顾客那一端，仅仅是做产业链本身，这时产业本身是会有很大风险的。我比较高兴地看到，在今天我们绝大部分人都会考虑价值链了，而不仅仅是考虑产业链了。当我们能够考虑价值链的时候，我们就关注到顾客的这一端，因为只有你回归到顾客价值这一端的时候，推动整个产业的价值才会有意义。如果我们不能够满足顾客价值这一端的时候，你的产业的意义就没有办法释放。所以从2004年到现在为止，无论我做研究，还是跟企业做实践，我都坚持说，你必须用顾客的思维和价值链的方式来对待整个行业的发展。目前来讲，这个共识我自己觉得基本上是达成了。所以大家现在不是简单的这种产业链或者产业之间的竞争，在很大程度上，已经是价值和价值链的共生去做了安排。

所以，产业链本身和价值链之间它并不是一个对立的概念，我们在考虑产业链的时候，其实是在考虑产业内的协同，只是如果当顾客这一端的价值，或者供不应求的时候，产业链本身是没有太大问题的。可是当今天看到供大于求、产能过剩的时候，我们必须回归到价值链，回归到顾客价值这一端，而如果整个产业链能够考虑顾客的价值，它也是一个价值链。

所以，我认为这两者之间，可能我们要基于是否从顾客价值作为起点来做判断，这样可能会更合适一些，谢谢！

何伊凡：根据刚才您对产业链思维的一个诠释，其实产业链思维在很大程度上是一种全面竞争的思维。但是，您又提到"共生个体"的一个概念，"共生个体"借鉴了生物学上的一些理论，在过去的中国的商业生态环境当中，其实是缺乏一个共生生态的。现在要重建这种生态，对企业家，对创业者来说，需要克服哪些"心魔"？

陈春花：我想共生的概念如果放在几年前来谈，可能真的是蛮难的。因为那个时间，你会看到，比如产业链内部的合作者之间的能力差距，也会看到企业之间的能力差距，然后也会看到我们的市场，还有很多的机会给大家。但是，在今天来讲，我是觉得共生这个概念可能比以往更容易被大家理解和接受。原因是在于，我们今天有几个根本性的环境条件摆在这里了，一个就是产能过剩，一个是资源稀缺，一个是人们对于环保问题的基本共识。一个顾客本身也是不足的。那么这些条件就会让很多企业重新去思考，它在目前的环境下如何生存，这样就对于共生这个概念的理解就比之前容易很多了。

是不是今天的人很难去达成共生这个概念，我想好像答案并没有那么悲观。今天谈共生这个概念，或者包括生态圈，包括讲的平台，包括讲的跨界融合等，我觉得这一系列的概念其实在今天来讲已经变成是很多的企业，包括企业家内心接受和认同的东西，因为环境本身实际上是最好的一个影响因素。那么，如果在这样的一种变化的环境当中，有了这么强大的一种驱动和调整的要求时，一个好的企业、一个优秀的企业家，实际上是会做出调整和改变的。

回答克服"心魔"的问题，第一个很重要的就是要回归到市场，我十分主张企业家，或者是企业的高管一定要经常到市场当中去，去看到那种变化，去切身感受到这种调整，真正理解市场当中的要素，他所关心的价值到底是什么。如果企业家和高层管理者能够真正走到市场当中，我相信他们的内心当中很多的触动就会使得他们做出改变来。第二个我觉得要克服“心魔”，一个很重要的部分就是不要用自我的核心能力和自我价值来判断外部的这种变化。我相信我们也像微软那样会看到，核心能力有可能是一个陷阱。

当核心能力变成陷阱时，如果不去克服它，不去战胜它，你有可能也就没有办法真正了解这种改变。当然第三个就是要超越你自己的经验了，这个对于每个人来讲，可能都是一个挑战，这种挑战必须自己去克服。

何伊凡：也就是说，过去的环境，就是你多吃一块肉，我们就有可能少吃一块肉。那么现在的环境变成允许我们一起把这个蛋糕做得更大，把这个口袋口撑开，然后大家一起做更多，可以这么理解吗？

陈春花：也可以这样理解，但是可能更理性的一种理解，不是蛋糕大与小的问题，而是可能我们要共同维护这个蛋糕，因为不是谁吃谁了，而是变成我们现在这个市场，或者这块蛋糕就摆在这里，如果我们不能够共同维护它，可能连这块蛋糕都没有了，因为它有可能是用一种顾客淘汰你的方式把你都淘汰掉。所以，这实际上是一个认知的彻底改变。

何伊凡：我注意到您在书中提到“90后”有一个叫余佳文的例子，当时有一种比较欣赏的态度。但是，最近有一件事，就是余佳文和周鸿祎在电视上有一个公开争吵，因为余佳文他食言了，管理激励没有实现。在这种情况下，关于这种“90后”目前我们也看到，很多的“90后”创业者之前被热捧的一些项目，现在也出现了一些问题，您对于年轻的创业者有什么建议呢？他们可能不缺乏激情，不缺乏新的想法，更加创新，但是不是还会缺乏一些对商业本质逻辑的理解呢？

陈春花：我们看“90后”，或者看新的创业者，我觉得要用一种更宽容的态度来看。至于说，商业上是否成功，我觉得市场是可以去检验，而不是由我们来评价的。我觉得企业的发展，它是一个不断被外部结果检验的过程。在这个市场评价和外部结果检验的过程中，它实际上是有个时间的。所以，我非常欣赏那些敢于创业，敢于创新，敢于尝试的年轻人。只要他努力去做，而且真正走出自己的一个模式来，也许他是一个阶段的胜利者，但是即使在这个阶段的过程当中，我们都应该欢呼、鼓励与支持，包括欣赏。

但是如果我们希望他持续发展，更有效地发展，我相信可能要依赖于各方面的努力。所以，这实际上也就回归到我们之前谈的话题，为什么我会坚持说其实管理不能够淡化。因为大部分的新兴的创业者，他在商业模式上的敏锐，以及对市场的敏锐，对细分顾客价值的敏锐，使得他很容易在创业当中脱颖而出。但是，这样一种敏锐的市场理解，能不能够让一个组织有效的传递下去，保持可持续性，这恰恰是管理本身的问题。那么，如果说一个企业能成功，我相信商业模式的成功是一个非常关键的，而且是一个前提的条件，所以说战略决定命运。但是，如果从保证一个企业的可持续性上来讲，其实组织、文化就变得非常重要。所以，我们会要求说企业一定要有一个制度安排，要有一个组织的管理，要有一个文化的内涵。

这三样东西是可以保证这个企业不受个人的影响，能够让它持续地去做成功。所以，我想无论是“90后”，还是我们今天看到的这些非常热的明星创业者，我都非常希望他们能够真正有一个合理的制度安排，有一个非常好的组织管理，也有一个更加有核心内核的企业文化。这三样东西可以保证企业的可持续性，甚至当外部环境在变的时候，也可以保证它的战略和商业的模式可以因变化而做调整，我想这恰恰也回到我们之前的话题，我们还是要把管理的价值做出来。

何伊凡：陈老师，我注意到您的书中有一个篇章提到，是关于冲突管理的。我恰恰也面临这样一个难题，因为我们这个团队也越来越年轻，有一些“90后”，也有“80后”，也有“70后”。这里面偶尔会发生一些冲突，这些冲突有的和工作相关，有的和工作不一定那么相关，有的时候就是价值观的冲突。那么这样就是有的时候谁对谁错比较难分清楚。那么在这种情况下，您对于团队随着这种年龄的变化所发生的冲突，这个方面怎么样处理，有什么建议？

陈春花：的确，冲突管理实际上是接下来很多组织面对的基本挑战。因为个体的崛起、年轻化、自我认知的提升，以及我们看到他们能力的强大，你会发现多元性，互动性会越来越多。那么一定会带来我们讲的这种冲突。

我觉得首先可能有一些基本的共识要达成。比如，我们在管理当中，或者组织当中的基本共识，至少有这四点大家要一致，因为在一致基础上冲突，叫作建设性冲突，建设性冲突是保持组织活力的一个基本状态，我们希望要有这样的冲突。不是在这个一致性上的冲突，叫作破坏性冲突，某种意义上我们希望把这个拿掉，这个一致性主要指四个方面：第一，我们要有企业共同的价值观；第二，我们要有共同的对顾客价值的认知；第三，要能够真的理解我们在认知上的差异和彼此的尊重；第四，叫作合作或者伙伴关系。这四个实际上是要达成一致的。那么在这个达成一致的基础上，那些冲突我建议你都接受它。但是，违背了这个一致性的，我都建议你把冲突拿掉。从管理的方法上来讲，其实你要提供多个可以交流和互动的平台，提供一些内部做竞争的机会，提供在做相同目标的时候，不同的方法测试，这些其实很多企业都做得非常好，比如腾讯，它就准许同一个目标可以由多个小组做操作。当你准许不同的小组做同一件事情时，这种冲突变成反而是可以管理的。如果你没有这样一种组织设计安排，也可能那个冲突就变成真的冲突了。

何伊凡：陈老师，非常感谢您的建议，非常具体。还有一个问题，我们谈到企业家精神，其实我们一直在关注企业家精神的变化，他们在不同时代也赋予了不同含义，什么是这个剧烈变化时代的企业家精神呢？

陈春花：这个问题确实是一个比较难回答的问题。因为企业家精神的核心是创新和冒险。在剧烈变化的时代当中，这个创新和冒险可能会显得难度更大。在创新和剧变的这个时代当中，企业家精神可能有很大的一个层面上的内涵，可能真的是对自我突破的要求和对自己超越的这个要求。

我们看到很多的成功的企业家，你会发现，他都是对于机会和变化的敏感，以及对这个变化如何转化成为商业价值的理解当中是有很强的力量。同时他们又有非常明确的价值追求，而且能够大胆地去做尝试，又有非常踏实的这种精神。我想这些在任何时代和任何环境背景下都必须要具备的企业家的精神的一些特质。

但是，就今天这种剧变的情况当中，其实对于企业家本身来讲，可能很大的难题就是怎么能够与变化做一个互动，或者说因应这种变化做自己的变化。我其实非常佩服这些已经有30年或者40年创业的成功经验的企业家，今天还走在时代的前沿，我觉得他们在很大程度上，也是在不断地超越自己，而且又能够把企业家精神发挥到不同的时代中，所以，我确实找不到一个合适的词去表达，在剧变时代的企业家精神，他要表现出的那种内涵和特质是什么。但是，我相信，其中一定还有对自我的超越。

还有一个部分，可能也是在今天剧变时代下，企业家精神显得更重要的，就是能够去承担创新带来的风险和损失，而且要有这样一种更强大的承受力来承担这种痛苦。我想这可能是另外一个比较重要的内涵。

何伊凡：根据刚才您对这个问题的一个解答，我想到去年有一本书特别火，叫《从0到1》，是不是在这个剧烈变化的时代，一些企业家面临的挑战，有的不只是从0到1，有的已经有自己的1了，是从1归0，然后从新的0再到一个新的1，越是这样的公司，也就越要面对这样的一个要求。

陈春花：我同意您的这个判断。因为技术，因为环境的变化，很多新的、细分的需求被发现出来，这种新的、细分的需求出来的时候，的确就是从 0 到 1。以前我们看到的其实是从 1 到 N，原因在于，一个需求未被满足的时候，而且这个需求是非常巨大的，所以从 1 到 N 变得非常重要。今天我们会看到很多很多细分的需求，当去满足它的时候，的确是从 0 到 1 的过程。那么，对于那些已经有了从 1 到 N 非常大规模的企业家来讲，的确会有一个从 N 又回归回来的这样一个要求。

然后这种要求就变成从 1 到 0，然后从 0 到 1。这个过程也是企业家重新创业的过程，或者创新的过程。而且这个过程对于已经被证明过成功的人来讲，可能比全新的去做的这些新兴企业家的挑战会更大。所以，我非常欣赏，能够在这个方向上持续成功的企业家，我觉得这非常值得我们去研究和学习。

何伊凡：陈老师，还有最后一个问题，我注意到您参与了一个项目，就是 CICC，就是联合文创，联合文创能够为年轻的创业者提供哪些支持和帮助？

陈春花：的确是，因为我自己也很想去了解一下这些新兴的创业团队他们怎么能够成长起来。因为我自己的研究和所参与的实践项目，其实都是大型组织的转型和大型组织的成长。所以，我对这个方向很感兴趣，所以刚好我们有 10 个朋友加 5 个顾问的专业导师，我们组成了一个联合文创，把地点放在了广州。在联合文创里边，我们基本的工作方法就是我们会提供一个叫作嵌入式的辅导。我们选 10 个年轻的团队，然后让他们在一个共同的工作地点，共同去做一个辅导的过程。

我们这些导师会定期不定期地跟团队做交流，包括讨论他们的商业模式，包括看他们团队的建设，包括看他们自己本身的发展过程。我们约定的辅导的时间会在半年，可以再延续 3 个月。这个过程当中，一定要把他的商业模式、团队给它打磨好，这个打磨好的一个标志就是要有新的投资能够再进入，而且让他们能够从这里毕业出去。这个过程让我非常感慨，一个方面是因为这些我们的导师们都非常有帮助年轻人成长的一种欲望，而且他们都非常有经验，非常有资源去做这个事情。

更为感动的实际上是这些年轻的团队，你会发现他们对产品的理解，对顾客的理解，对商业的理解，其实是不断地给你带来惊喜的，而且他们的拼搏精神，他们的忘我和他们对于创业本身的痴迷，你会发现今天的年轻人，他们的付出其实是超乎我们普通人对年轻人的理解的。所以，这个过程当中，我自己也蛮享受，而且也感觉非常好。所以，我也借 CCIC 辅导大家的过程当中，更深地感受到，今天的个体，以及技术和市场提供的机会其实是超乎我们所有人的想象的。

那么，这样一种实践和这样一种交流，让我更深地感觉到，我必须在大型组织的内部激活个体，如果不是这样，我会担心整个大型组织的生命力其实是会受到影响的。因为每一个新兴的小的团队，它的忘我投入，以及对顾客的理解和产品极致的要求，他们所焕发出来的创造力，真的具有非常强大的生命力。当然，并不是所有我们辅导了的团队都会成功，但是绝大部分的成功已经让我感觉到他们的创造力其实对整个市场和环境产生了影响。

这也是我写这本书另外一个层面的动因，也就是我看到个体价值的崛起和市场提供的变化和机会，所以整个组织管理需要做一个转型，当组织能够为个体提供价值贡献的时候，我相信这个组织自己就会有持续的生命力，谢谢大家！特别谢谢何老师！

第二部分　读者互动

《工业 4.0：正在发生的未来》作者　赵胜

随着人工智能、虚拟现实等新技术的发展，很多原有的工作以及工作岗位被技术取代，原有的工作流程和工作方式也随之改变，那么未来的大型公司的组织会向什么方向变化？员工的价值又如何界定？

陈春花：未来的大型公司的组织会朝着平台化的方向发展，组织更多的是提供资源、支持和帮助，而成员会组成更灵活的小单元，甚至有些组织会变得更加没有边界、更加灵活，也就是更加“虚拟”，让组织可以面对多变和灵活的要求。员工价值的界定更多取决于角色的责任，以及共识目标的完成，包括对于其他成员的价值贡献。

十点读书创始人　林少

初创公司如何管理员工、如何激励员工、如何吸引人才加入小公司、如何留住人才？

陈春花：初创公司的核心是创业者自己做出表率，更多的是行为示范。如果从管理的角度去看，需要设立规则，让公司有好的规则习惯，但因为是初创公司，所以摆在第一位的还是经营，一切面向市场，管理越简单越好。对于员工的激励，在很大程度上，是对于未来成长的共识，也就是以目标激励为主，这也要求创业者自己要有足够的个人魅力，让成员可以信任，与您在一起，可以创立美好的未来。吸引人才加入小公司，其核心还是对于创业者本人的认同，对于公司未来的认同以及目标的认同，留住人才的关键是目标、成长的机会以及承诺的信任。当然如果您的资源足够，好的薪资结构设计，也是一个重要的因素。

拉姆·查兰中国合伙人　杨懿梅

在新的时代，个人应当怎样修炼自己，才能更好地适应新的时代，找到自己的位置？在互联网时代，似乎“80后”“90后”都是香饽饽，“60后”“70后”怎么办？出路在哪里？

陈春花：无论是哪个时代，对于个人而言，与时俱进都是一个最重要的要求。只是在互联网时代，冲击和变化都是巨大的，因此对每个人来说似乎挑战更突出。如果想要适应新的时代要求，只有把自己放在新时代里，先自己颠覆自己，突破自己的局限，放下自己的经验，接受新的知识、能力和要求。如何找到自己的位置，如果简单而言，就是学会与强者在一起，学会管理自己，学会成为一个团队成员，哪怕你已经习惯了做管理者，也要学会成为被管理者。事实上，每个时代的变迁，都是会朝着年轻人成为主流的方向发展，“60 后”“70 后”也曾经是时代的香饽饽，只不过今天轮到了“80 后”“90 后”。如果您把这个现象视为正常，一切也就简单很多。但是不管时代如何改变，有些东西是不变的，比如普世价值观、学习能力、责任与担当、团队及创新等，“60 后”“70 后”的出路就在这些不变的要素里面，因为这些不变的东西正是被时间证明过的，“60 后”“70 后”有的恰恰是时间的经历，希望能够把这份时间差带来的经历，能够沉淀为具有不变价值的东西。同时，也需要“60 后”“70 后”主动拥抱变化，用开放的心态，包容的胸怀去接受和面对变化，愿意以“80 后”“90 后”的视角和思维方式，价值判断的逻辑去理解和接受现实，我相信“60 后”“70 后”反而因为多了时间的经历，具有更强的竞争力。

腾讯企鹅智酷负责人　王冠

以互联网为基因的新公司凭借自身特点打败了很多旧公司，但当这些新公司成长后，变得不那么新，变得庞大，原有的组织结构会变，对市场的期待也会变，这时如何避免新公司变慢甚至变僵化，变成它们刚刚打倒的“大象”。

陈春花：这的确就是我写此书想解决的问题。组织管理始终要面对的就是如何激活的问题，一家新的公司之所以有机会成为战胜对手的赢者，一方面源于商业模式的创新，能够更贴近顾客价值创造，一方面因为其具有更大的灵活性和创新力。如果这些新公司成长之后，组织陷入僵化，结构变得臃肿，人员无法活化，其结果也是一样被对手淘汰。所以我在书中说，不是“去管理”，而是要强化管理。新公司在取得一定的成长机会后，要尽快把管理的价值确立起来，华为就是一个非常好的例子，包括海尔等企业也值得大家借鉴。也就是需要在组织内部建立价值贡献、价值评价以及价值分享的机制，需要在组织内部形成价值导向、外部导向的文化，不要形成内部导向、权力导向的文化；需要在组织内部营造打破层级、不拘一格提拔人才的习惯，不断地打破平衡，不断地让组织直接对接市场，不断地要求组织成员与顾客互动；更重要的是，高层管理者需要不断超越自己，不要形成自己依赖权力的习惯，而是要有危机意识，以及不断批判自己的思维习惯。

书享界　邓斌

当下的中国商业环境，转型和创新是两大主题。对于智力服务产业（比如管理咨询、文化服务、品牌营销宣传），由于其服务效果难以事先预估，业主对投入没有信心，于是希望根据价值进行付费。个人消费者领域也曾经尝试过事后“打赏”功能；对于企业之间的商业行为，付费模式由“前向付费”转变为“后向付费”是否会成为主流商业模式？如果是，因为业主内部、外部环境都在不断变化，如何避免双方对服务价值的衡量标准出现扯皮局面出现？谢谢老师。

陈春花：付费模式会因为行业不同，时间点的不同，方式会不同，所以无法判断是否由“前向付费”转变为“后向付费”，其影响因素会很多。但是有一点是可以判断的，那就是如何与顾客达成价值共识是根本。服务如何界定价值，或者涉及“软”的部分如何界定价值，一直都是在中国市场比较困难的事情，之所以困难，是因为这一类产品不应该遵循“硬体”

价值判断的逻辑进行，而我们大部分的消费者习惯性用“硬体”思维。换句话说，中国消费者习惯于可触摸、可视的价值判断。如果消费者是这样的习惯，就要求提供服务产品的公司，要有能力去做可视化、可触摸的部分，如何创立或者设计服务的“载体”，让消费者能够直接触碰，就是要解决的问题，这个问题解决了，付费模式就可以解决了。

天翼图书　李岳

传统官僚层级制的大组织在如今已经遇到发展瓶颈，因为他们无法适应互联网时代对于创新与速度的要求。那么组织形态将会如何改变来突破这一瓶颈？有一种观点认为企业提供基础平台，这部分依然可以很“大”，然后员工可以形成一个个“自组织”的项目团队，基于大平台开发自己的商业项目，自主经营。陈老师在组织行为领域有着非常深入的研究，我想请问陈老师上述组织结构的演变是否会是一个方向，您认为未来组织形态将会是怎样的？

陈春花：您所谈到的“平台型组织”的确是未来的一种组织形态，特别是对于大型组织而言。未来的组织形态会是很多元的，我也曾经用过一个比喻“水一样的组织”，之所以用这个比喻，是因为未来组织会非常强调灵活性、开放性，甚至无边界。德鲁克先生就说过一句话“未来的组织，是有组织无结构”，这也是说，对于未来组织来说，核心是激活组织成员，让组织成员充分释放能量，让优秀的个体可以发挥作用，我写这本书也是为了回答这个问题。

《HR 转型突破》作者　康至军

在互联时代，管理者的角色将有哪些变化？在激活个体的过程中，管理者应该发挥怎样的作用？

陈春花：从管理理论中可以知道，管理者具有三大类角色：人际角色、信息角色、决策角色。人际角色归因于管理者的正式权力，信息角色确保管理者拥有足够的信息，决策角色意味着管理者可以做出决策，并分配资源以保证决策得以实施，这三个角色也就构成了管理者本身。在互联时代，信息完全对称，决策的复杂性，以及个体独立性带来的特性对人际关系也带来了很多挑战和变化，管理者的角色的确需要做出改变，最大的改变，会体现在管理者更需要成为团队的一员，而不是凌驾于团队之上。某种程度上可以说，管理者的角色更多的是集合团队成员，协同个体的价值创造，系统思考并提升成员的价值追求。在激活个体的过程中，管理者需要做到三个方面的工作：第一，与个体界定共同的工作目标，帮助个体识别和设定目标，并确保个体的目标是与组织相一致的目标。第二，明确方向，并能够灌输给个体使其理解并接受。第三，善于沟通，并包容不同的意见。

成都天鑫洋金业有限公司总经理　张渝涓

激活一线员工，那些中层怎样取消才能不伤害企业文化，这个时候职能部门相应如何调整，是把功能组合到团队队长身上吗？能不能有案例说明？

陈春花：激活一线，的确会要调整中层，甚至很多中层会取消。这需要一些设计来让原本很重要的中层管理者能够继续发挥作用，哪怕是做出必要的调整，也要让被调整的中层接受这些调整。这些设计包括，把平台的机会释放出来，让大家公平得到；把新的事业单元规划出来，让大家可以转移到新的事业单元里面；把原有的事业更细分，提供出更多的机会出来；采用内部创业或者创新机制，让中层有机会释放新的能量。职能部门的调整，可以采用两个方向，一个是更聚焦于专业性打造，输出专业服务能力；另一个是职能部门公司化，采用市场化机制，让职能部门具有真正的外部市场能力，这样可以激活职能部门。新希望六和目前正在做这样的工作，我们激活一线，把原有的四个事业中心划小为 40 多个经营单元，采用竞聘上岗的方式，调整了几千人的中层管理队伍；然后设立养殖基地，用建立合作社的模式，让中层管理者参与创业之中，职能部门的专业人才，也开始设立服务公司，让其专业能力可以一方面为公司内部服务，一方面可以为行业的同行的服务。这个激活的过程，需要一个共识，就是顾客价值最大化。

秋叶 PPT 创始人　张志

陈春花老师，您提出激活个体的概念我很同意，但我也注意到真正能激活个体的组织往往是小而美的团队。这样的团队更适应移动互联网和个性化消费者。那么这是否意味着现在的大型组织不快速转型，在未来都会变成“巨婴”，身材巨大，反应缓慢？对于已经在工业流水线层级管理基础上形成规模效应的企业如何避免“巨婴化”？您怎么看？

陈春花： 小而美的公司更容易实现激活个体，这一点我非常同意您的判断。真正困难的的确是大型组织如何激活个体，但这也是组织管理必须回答的命题。大家可能最近都注意到了海尔的转型，我的确很欣赏海尔所做的努力，这也为您的问题解答提供了一个真实的案例，海尔被誉为 6 万人真正完整整体转型的公司，我还未有机会去很深入地研究这家企业，但是从公开的资料上看，海尔设立的面向互联网的流程系统，设立了“人单合一”的运行模式，设立了“人人是创客”的组织文化，设立了几万个经营单元的“小结构”，这些努力，应该就是工业流水线层级管理基础上形成规模效应的企业转型实践。如果我们换个角度来探讨这个话题，也许解决方案更可行，一方面未来大部分工业化流水线会被机器人或者自动化替代，所以管理基础也会随之改变，另一方面已有规模效应的企业，一定会因应变化开放边界。这两个方面的改变，会让原有的以工业制造为基础的大规模企业，做出彻底的改变，所以我并没有那么悲观，事实上，不做改变的公司自己也被淘汰了。所以核心是改变管理基础，不以分工为基础，而是以价值创造为基础；开放组织边界，让更多的能力和人组合到企业中来。

北京创业邦咨询有限公司总经理，赵小涛

互联网时代，激活个体，对于兼职人员该如何进行管理？

陈春花：激活个体中，一个很重要的方式就是组织要打开内外部边界，换句话说，一个能够激活个体的组织中，一定会有兼职人员。我在书中阐述过一个观点，之所以要形成新的管理范式，就是因为“雇员社会将要消失”，在新的组织形态里面，很多团队成员不会固化在哪一个组织里，很多个体不愿意与组织建立在一种雇用关系中，越来越多的人希望是自由、独立的个体。因此兼职人员应该是一个很正常的现象，其管理方式也很简单，就是建立在契约基础上的合作关系，用共同的目标来进行管理，很类似于企业外包管理，唯一不同的是需要为兼职人员提供与全职人员一样的工作条件，需要彼此达成文化价值的认同感与彼此的信任。

春暖花开读者

陈老师好，一直关注您对当代企业和管理的研究，也觉得从您的书籍和视频中获益良多，对《激活个体》这本书非常期待，因为真的太合时宜了，正是我们所面对和急需解决的问题。我目前任职快消行业一家新创自有品牌的市场总监，在目前的团队管理中，出现了这样一种情况：因为是新创企业，所以创始人常常在自己擅长的领域，比如产品研发，直接指挥下面的产品助理、产品经理或者研发工程师做相关工作，而他所架构的职业总经理、总监等则未能及时获知相关信息，在这种情况下，下面的员工也会产生越级汇报的情况，又或者本身又形成了部门内的局部划分，认为老板对自己有额外的关注度，从而更自我地去做事，也产生了一种中间管理层容易乏力的情况，因为老板已经对其下面的员工做了直接指示。在互联网时代，我们倡导发挥每个人的自主性和创造力，讲究平等的价值合作，那么如上述情况，在共享型合作与推动团队协调运行之间，您觉得应该如何处理？

陈春花：这种情况在很多企业中都存在，解决的办法也会因老板不同，企业发展的阶段不同和企业所具有的竞争力不同而不同。我可以给出的建议是，必须让老板能够直接承担绩效，也就是老板如果直接参与研发项目或者产品项目，就要具体承担项目的责任与绩效，等同于其他经理人。一样要对产品的结果以及项目的结果负责，这个责任不是象征性的，而是真正负担责任。如果做不到上述的要求，那就需要聘请一个外部顾问来约束老板的行为，确保公司在一个可以平行对话、各自发挥作用的框架内运行。

IBM 首席项目管理培训师　周全

陈春花老师，您好！非常有幸能在您的大作出炉之前，就能提前阅读到一些精彩的内容。非常认同您在“雇员社会将要消失”那个单元讲到的，员工与组织的关系的变化。我个人认为未来会有越来越多的员工希望自己与企业（企业老板）之间是伙伴关系，而不再是雇用与被雇用的关系。我自己目前也在努力尝试帮助企业的所有者与一线的小团队建立一种新型的价值共享/成长利益共享的模式。在这种构建新型关系的过程中，我发现，要实现“班长的战争”或者“让听得见炮声的人来决策”这样的理念，就必须让一线的小团队（班）的班长，甚至每个战士，都可以看得见自己负责区域的真实经营数据和情况。而过去的一般的

ERP建设都是让中高层管理者了解这些数据，其实一线战士不知道自己的每一个行动，每一个项目，究竟为客户创造了多少价值，客户用多少钱来认可了自己的价值，公司由于自己的行为而带来的收入是多少，成本是多少。所以，希望您在《激活个体》这本书中谈一谈，如何做能让一线的战士或者班长们，能够真实地知道自己每一天的工作，从经营数据上，给企业带来了多少价值。甚至我想未来他们应该可以基于这种企业获得的价值，来和企业谈收益分成——共享。

陈春花：的确这是一个挑战，如何让公司透明化，每一个成员可以知道他的价值贡献，以及获得价值分享。海底捞在这一点上做得很好，您可以借鉴。这本书未来也把这个部分增加进去，谢谢您的建议。

2015年华工毕业生　许吉拉

春花老师，您在书中提到现在的年轻人越来越喜欢在扁平化的组织里自由地无边界地贡献才智，企业更多的是成为一个平台、孵化器，那么当企业面临困境时，这样的年轻人还能保持忠诚度吗？这个时候企业能凭借什么渡过难关呢？

陈春花：员工忠诚度如何保持，在今天会显得更加具有挑战性。对于员工来说，如果他只是来打工，而企业也只是提供一个打工的机会给员工，在企业遇到困难时，企业没有理由要求员工付出忠诚，如果这个时候员工愿意与企业共渡难关，企业应该感激员工，因为这是一个非常难得的情形。所以，企业遇到难关的时候，需要企业自己拿出勇气去面对，包括核心管理团队，投资人或者老板，拿出更大的力量来激发员工，获得员工的支持，而不是从忠诚度的角度去要求。

江涛

我经营着一家制造型企业，现在有员工150人左右。我一直对陈教授的观点都非常的认同，我也看过陈教授的很多书籍，可以说受益匪浅。我的问题是：我认可《激活个体》的思想。可是在操作和执行层面如何快速地做到团队中的人员思想统一。

陈春花： 如果您现在有150人左右，从操作层面上来讲，需要关注到几件事情：第一，公司信息要公开，让大家得到，这样有利于大家在一个共识基础上对话和交流。第二，明确相同的目标和方向，这一点尤为重要，如果方向与目标不一致，激活个体会带来混乱。第三，建立沟通机制，让大家可以有交流的平台和机会。第四，树立绩效文化和结果导向的文化。

Monica

制造行业的雇员（工人），如何激发他们发挥个体价值？组织应该在哪些方面进行相应的改变、设计、保障呢？

陈春花： 要发挥制造行业的雇员（工人）的个体价值，需要两个基本前提：有效的工薪制度与安全工作的保障。必须在这两个基本前提之上，才会谈到个体价值发挥的问题。有了这两个基本前提，组织还需要寻找到合适的基层管理者，很多时候员工价值无法发挥，是因为基层管理者不胜任。另外对于员工生活以及学习的投入，也是必需的。

春暖花开读者

在互联网＋的组织变革中，一直倡导去中层化、去中心化，如何更好地去激活一线员工的活力，激活组织活力，通过薪酬还是文化，如何平衡这两者关系，如何让组织持续保持动力，谢谢！

陈春花： 个体价值被感知的显性条件就是薪酬，所以激活个体，或者激活组织活力，必须在薪酬上被成员感知到。而在薪酬感知上，还有一个特点尤为需要注意，那就是满意度来自外部比较，也就是说，成员对于薪酬的认识，不是自我比较，而是外部比较。文化是在薪酬之上的一个要素，所以我过去说过，谈到文化的时候，已经是在“丰衣足食”的基础上了，我们看到华为可以谈文化的力量，是因为它具有一个非常强的价值分享机制，一个非常具有吸引力的薪酬系统，所以不是平衡薪酬与文化的两者关系，而是在薪酬具有竞争力的基础上，加上文化的要素，组织就具有极强的活力，个体也会被激发。

众创空间第二辑 “十问海尔”为什么

张瑞敏 海尔集团首席执行官

陈春花 新希望六和公司联席董事长兼CEO、华南理工大学教授

东方管理大师大前研一认为，“讨论能力”是四种专业能力之一（另有先见能力、构思能力和适应矛盾）。“当你看不清前进的道路与成功的模式时，理论上展开充分的讨论至关重要”；“在争论的过程中，逻辑结构逐渐清晰起来，这对于锻炼在新竞争领域的探索能力非常有效”。他说每次与韦尔奇见面，瞬间就会感到压力巨大。而韦尔奇在谈到自己如何追问事实真相时则说：“要展开问题攻势，我会坐在椅子上，一口气问上一万八千个问题。我不具备什么特别的创造性，只不过是发现这种创造性的能力较强而已。”

对话背景

时逢信息化时代，30余年来迅速崛起的中国企业，得以和世界级企业站在了同一起跑线上。发生在中国企业界的这场转型与变革，被称为是一场基于未来的生存之战，也是一场自己和自己的战争。增长与转型的双重压力已经迅速传递到每一个企业人身上。2015年10月24日，陈老师带着持续的思考与疑问，以总裁与教授的双重身份走进了海尔，就“用户逻辑时代的管理”

这一时代命题，与海尔集团首席执行官张瑞敏先生进行了一场面对面的交流。

这是一场具有里程碑意义的对话——他们，一个是中国热衷于读书的知名总裁，一个是中国执着于实践的教授，这是一场以知识与实践创造价值的对话。

作为行业领先者，中国为数不多的跨向国际市场的开拓者，海尔则是有着变革基因的著名企业，曾一度是中国企业争相学习的标杆。“学习力”被陈老师认为是中国企业崛起的四大支点之一，海尔本身即是明证。说张瑞敏是中国最爱读书的总裁毫不虚言（任正非也是）。人们对海尔集团2014年度峰会印象深刻——张瑞敏把这场“互联网创新交互大会”开成了企业内训会，演讲中直接列出了三本书单：《决胜移动终端》《大繁荣》《失控》，整个内容就围绕着这三本书展开；同时还把《失控》的作者凯文凯利直接请到了年会现身说法，十分高调地向外界传递出海尔企业大跨度转型的号角，也给社会各界带来极大影响。

两年过去，海尔怎么样了？面对公众的期待，张瑞敏在对话中给出了可见分晓的时间段！而他直面社会各种猜疑、议论，一直敞开大门或走出去，与国内外管理大师、企业家对话，以“无我”之境为海尔大业谋未来，联想到20世纪80年代改革开放之初，他“怒砸冰箱”开启质量管理的象征性历史创举，不由得令人尊敬有加，也更多了些特别的关注。——“在今天的商业世界里，我们需要具有企业家精神的企业，来解决我们必须面对的不确定性及可持续性。”陈春花曾如此说。

这是一场可以期待的对话——很幸运，这是个信息分享时代，他们愿意毫不忌讳地将内部对话原汁原味地公布于众；这是个价值共享时代，领先企业与领先者本人毫不吝啬地将自己的实践智慧同步与众分享。“预测未来的最好方式是参与创造未来”（德鲁克），战略性机遇再一次平等地降临于每一家企业、每一个人。

大前研一在《专业主义》一书中关于“讨论能力”阐述说：**在既没有地图也没有路标的越野比赛中，逻辑思考将成为指南针**。无论提问、倾听、反驳、说服都要建立在逻辑的基础上。而逻辑思考的基础在于首先建立假说，以事实为依据对假说进行验证。这正是《用户逻辑时代的管理》主题对话的依据。

对话一：制造企业变“平台”难在哪里

互联网终将影响人类活动的组织方式。平了的世界凡墙皆门，内容即平台，个体即组织，“连接”能力将成为未来新挑战。用户逻辑下的结点是什么？如何打通？

关键词：平台；结点；零签字；用户签字；用户付薪

张瑞敏：拜读了你很多书。

陈春花：我带了一套来，请您指正。其中有一本（《领先之道》）列举了五个企业，包括海尔、华为、联想、TCL、宝钢。我已经跟踪了20年。五个企业各有不同的体制，但起步的时间都是在1984年。我准备持续研究30年，现在第二个10年刚过去，接着到第三个10年。

我个人最早关注海尔，是在海尔20年的时候，当时就很欣赏这个企业。我在华南理工大学做教授，而珠江三角洲是家电一个很重要的基地，所以我有更多的机会与TCL、康佳、科龙、美的交流。也认为家电才是中国真正能够在国际市场竞争中创建品牌的一个行业，更有机会真正参与国际竞争和进入国际市场。同时，这也意味着对家电企业的要求更高了，因为对手、面对的市场全变了。我很在意海尔的调整和变化，最近也看了张首席所做的很多讲话和交流。很高兴有这个机会与您交流，今天主要是来请教。

我很想听听张首席谈谈，目前市场环境下，比如说互联网，比如说技术的迭代，比如说消费习惯的改变等，对于像海尔这种大型企业来讲，最大的冲击和压力会在哪里?

张瑞敏：我自己感觉，最大的问题在于，企业原来那一套经营模式，在互联网时代很难再维持下去。比方说，家电这个行业过去都是高速发展的。为什么高速发展？其实就是一条——只要产品质量好，经常更新换代，就没有问题，就能占领市场。前两年搞“家电下乡”甚至供不应求。有的时候，人往往会倒果为因，因为结果挺好，所以现在做的一切都是对的。

面对互联网冲击，**我个人的意见看，过去做企业的，现在能不能成为一个平台**？如果不能，那你只能够成为别人平台上的一个参与者；如果只是别人平台上的参与者，那这个企业可能真是很麻烦。举一个例子，曾经的大连锁就是一个平台，家电企业在平台上面，基本上就没有自己了，也没有自己的利润了。**记得国外一个家电品牌的人当时对我说，他们很奇怪，在国美等商超投入这么多，最后年终一算还欠它的钱**。现在也一样，电商平台很大，但是如果你只是平台参与者，最后可能卖出了货，但不可能赚到钱。所以，我认为企业可能应该成为一个平台，**但不是一个独立的平台，而是互联网的一个结点，可以把互联网的资源都连起来**。

我们自己想，现在的平台有三类：像淘宝这一类是交易平台，只管交易；像 Facebook 是社交平台，只管交往；此外还有一个移动平台，像物流这些。但是，**全球都在说缺少一种大家都能在上面增值的平台**。比如，我觉得，在某种意义上，电商好像有一点零和博弈，并不会让别人在上面发挥价值。因此我们想，这个（探索的）方向是不是能够使在我们这个平台上面的攸关各方都能够利益最大化。

陈春花：它现在在生态链的构建上还是一个很大的挑战。如果平台再往上看，应该是生态圈。这个生态圈的变革，挑战非常大。

张瑞敏：对。

陈春花：海尔实际是具有建生态圈的各种条件的。这样的企业也不多。您认为制造企业变平台难在哪里？

张瑞敏：**第一是观念，第二是组织结构**。原来的观念都是在传统的科层组织中，所有人按照上级指令完全完成就可以了。现在的要求是做平台，和过去是完全不一样的。这个观念的转变很难，直到今天上午我们开会还在讲这个问题，因为他非常习惯了过去，而且过去考核体系也是这样的。再就是整个组织的架构。

我们现在开始推行"零签字"。今天上午检查，还有很多人偷着签字，"不签字我怎么放心呢？"**其实，从管理人员负责签字改成"用户签字"，这个问题就可以解决了**。我们现在也有一些案例，比如原来有 1000 多人专门管为用户配送人员的考核，那个考核体系很复杂；现在这 1000 多人都不要了，送货"按时送达，超时免单"。最好的考核就是用户考核：超过约定时间，用户不和你客气；最好超过，因为超过了约定时间送的货就免费了，3 万的货晚 10 分钟，对不起，3 万块钱全免了。我们试验过，去年"双十一"期间，竟然要求凌晨送货的特别多，因为用户认为这个时间点很有可能不能按时送达。这个考核办法的力量非常大。出现问题之后，被免单的货品公司不拿钱。谁拿？所有相关的人员拿。实际上，这并不是要罚你钱，而是驱使整个体系、生态圈自动凝结到一点，大家都是共同利益方；照理说，假如送货的车坏了导致的免单，对不起，也应该由你负责。现在**我们希望考核都逐渐能够都过渡到由用户来考核**。服务人员原来的考核体系非常复杂，上门维修、上门服务，每个服务满意不满意都要打电话问一下，一开始用户觉得挺好，时间长了会很烦。现在**要变成怎么通过互联网技术由用户直接在网上评价你**。整个企业过去的体系都要打破，要颠覆掉。这非常困难。我们感觉是要建立一个共享平台，但怎么建得活而不乱？现在是活了，活力四射，但很有可能在活的过程中被钻空子，但这也是很正常的。

我们现在自己做的这些都是在探索，还没有一个成熟的东西，所以尽量试错，但不要出大问题，不能出那种回不来的问题。今天上午，我看美国那边（文章）还在探讨美国人的“全体共治”。“全体共治”和我们有一点类似但又不完全一样。它说“**每一个小组织都是一个圈，但小组织上面有一个大圈套起来**”，希望变成什么？像人体组织一样，每个细胞都是活的，是有机地运转人。2007年，作者就说这是美国最好的管理方式，然后又来推行，管理专家也来肯定。但是，到现在8年时间，试验“全体共治”最大的企业就是美捷步。它有多少人？一共1500人。现在也遇到非常大的问题：不认同的走人了，新来的人不一定能行。我们的思路和美捷步不太一样。**我们认为，方向确定之后，就需要自下而上；**而美捷步一定要自上而下，写了一个“全体共治”的“宪法”，1万多字。一般的员工、外人一看就糊涂了。你若想把它界定得非常清晰，其实可能性不大。

陈春花：这里面会不会跟人数规模有关系？“全体共治”的一个前提条件是共识，而人多很难形成共识，所以用一万字的“宪法”来约定可能就是它的挑战。

张瑞敏：这是一个方面，但我认为最大的一方面不是在这儿，而在考核体系上。我跟郭士纳谈，他说海尔的方法确实很好但不可能这样做，因为“万一乱了，40万人怎么办？”我跟IBM的高管谈，他们说最大的问题就是考核体系。IBM是委托－代理式激励机制：我给华尔街承诺利润，必须把它分到各个部分；每个部分必须超过，才可以保证完成总的目标，各个部分的期权才能变现。所以，我认为他们被华尔街套住了。**我觉得有一个悖论：硅谷的创业非常有活力，但公司做大之后再变成一种内部有很多小的、非常灵活的创业团队的公司就很难了**。

陈春花：这里边也有一个难题。比如说，考核激励有一个很有意思的特点，它是“外部比价”，而不是“内部比价”，员工更关心的不是自己拿多少，而是另外一个人拿了多少。这是它很特别的地方。考核体系应支撑想要的方向，然而一旦“外部比价”对他有冲击，那这个考核体系又很难发挥作用。当然，这可能又是另外一个难题。

张瑞敏：彻底改变它！**我们内部叫作由“企业付薪”改成“用户付薪”。简单说，我认为大公司干不好，主要的原因就是所有的员工都和管理者博弈**。我希望用户付薪改变什么？你不要和我博弈，而是要和你自己的能力博弈。例如，我们要求风投进来之后，你必须跟投，把身家性命押上，这样就必须要努力往前走。

陈春花：等于利益要一致。

张瑞敏：像诺贝尔经济学奖获得者弗里德曼说的，**拿公司的钱干公司的事，肯定是最没有效率的**。为什么不能改成拿自己的钱干和公司、个人都得利的事？这真的和原来的公司治理不太一样。我们现在也没有显露出非常显著的效果。很多人现在还处在十字路口的徘徊过程中。

对话二：管理变革如何“激活个体”

组织管理的基本假设、命题全变了。个体跟组织的关系不再是一个服从关系，而是共生关系。组织的边界被打掉了，内部结构失去了依据。海尔如何将员工与企业的博弈，扭转为与市场博弈？

关键词：动态合伙人；技术接口人；孵化小微；转型小微

陈春花：我这三年也在研究一件跟您这个方向一致的事情：组织中的个体与组织到底是一种什么关系？新创作的《激活个体》一书在11月初出版发行。其中很大一块我想学习您的思路和做法，比如说海尔的激活。

过去的组织管理有几个假设条件，我们也叫作整个组织管理理论的基本命题。100 年来的组织管理理论就是这样来的。第一个假设条件，个人会服从组织目标；第二，组织是为目标存在的，并不是为个人而存在；第三个基本命题，组织生存的关键影响要素主要还是外部要素，一个组织能不能活下来，实际是由外部要素来决定的，而不是内部的一些要素。这些基本命题导致这 100 年来的组织管理理论或者管理理论其实是基于组织的角度。

互联网带来的一个很大的变化，其实也是对企业的一个冲击，个体跟组织的关系变成共生的，不再是一个服从的关系。另外，个体自己很不愿意处在雇用关系里边。您刚刚说的是对的，我如果拿你的钱来做你要做的事情，这解决不了根本问题，必须是我自己要做这个事情。个体跟组织的关系不再是雇用关系，这种关系也在被打破。还有一个特点是，组织的边界被打掉了，一家公司不再可以很清楚地界定自己的边界在哪里。**组织管理的基本假设、命题全变了。**我为什么对您引领的海尔组织变革这么感兴趣？就是像您说的没有很好的案例。

比如说，前一阵子互联网的企业都强调“去管理化”、去中介化，我是持反对意见的。为什么？如果简单去这两个东西，不能解决什么问题。去它，得有什么方式替代它。像这些新兴的互联网企业，现在说好，不需要管理或者做得非常好，其实只能够说明两件事情：第一，还没有发展到需要管理的时间，时间太短；第二，可能你的人数不多。从组织管理的角度来讲，比如最小单元，150 人以下其实是不太需要管理的，因为彼此都认识，用一个简单的沟通可能就把管理问题解决了；过 20 万可能也不用，因为那时候“宗教”会起作用。**难就难在您刚刚所说的这一种——人数比较多，又有层级习惯，又有原有的一些东西，这就比较难了。**所以，我没有简单地去回应或者同意他们说的观点，反而认为得有一个解决的办法。个体跟组织之间在新的假设下要找到解决的出路，所以我很在意海尔现在做的这些实践。

刚刚谈的这些问题，我自己在研究的过程中也觉得比较难。因为里面涉及几个问题。比如，共识到底基于什么来做？我非常认同基于顾客或者用户，因为这个标准最简单，而且可以及时检验。但反过来讲，**组织内部的人真的能够达成共识吗？这实际是最具挑战的地方。**我自己这么多年做研究，其实也是深受德鲁克的影响，知道企业评价只能够由外部来评价。我们自己说自己好，没有任何意义。但是，这种外部评价我们都接受的时候，员工是不是都接受？

共识的第二个来源是价值观，大家有共同的价值判断。我想张首席比我更有经验来讲这一句话，因为海尔（在这方面）一直做得很好。我感觉，中国最难的实际上是，在这样的社会环境中，价值观很混乱。企业想单方面影响人们的价值观实际上很难。

共识的第三个条件是利益共享。在某种意义上来讲，管理行为当中有三个东西驱动你——利益驱动、价值驱动、使命驱动。在这些真正的驱动力量上来讲，今天海尔已经比其他企业做得好了。但是，你会发现，这些挑战还是很大。比如，价值观的最大挑战就在于，互联网一代，我们称为“80后”“90后”的，价值观差异非常大。价值观的多元应该说是很大的挑战。

我最近的这项研究，使得我一方面很关注海尔，另一个也很珍惜今天的机会，希望跟张首席交流一下，看看这个部分的问题怎么解决。我非常同意，如果要把一个东西做起来，真正做到，观念跟组织结构在里面能够起巨大的作用。但是，观念跟结构的部分，基本条件是要搭建共识，这是一类问题。

对企业来讲，还有另外的问题——在市场中受到的挑战。这个问题大部分情况下是基于产品端、技术端与顾客端。**管理的词可能跑到战略那一边**。这一端跟刚才谈的共识重合就好，如果不重合冲突又很大，会让共识变得很混乱。所以，我觉得您做的这个变革，真的是困难很大。我们有一些时候又讨论到，变革最好在企业、行业、市场相对好的时间做，**“变革当趁好时光”**。

回到我所在的行业：农牧业从 2012 年开始全行业整体下滑。其实，我估计国内可能很多行业都开始往下走了。当企业、行业、市场不配合时，就会发现内部变革跟外部之间的冲突会带来更多的复杂性。我常常跟同事讲，我们现在遇到的最大难题，其实是“复杂性带来的不确定性”。这两个东西带来的挑战很大，所以不能够用经验、不能够用过去所有的东西再做管理。当你调整人的时候会很痛苦。这些都是我研究中、实践中遇到的难题。

张瑞敏：我们现在也正在探索。像你说的，共识基于什么？我们觉得，你说的是对的，基于用户。其实，基于什么是没有问题的。但是，**传统企业最大的问题是，企业基于用户，但细化不到每个人。**每个人的用户是什么？我们要求“人单合一”，每个人和用户合一，就是为了实现这一点。所以，**我们建立起和传统组织完全不一样的组织，变成“自组织”。**现在的互联网是分布式的，全世界最好的资源都可以得到，问题是你怎么样能够吸引人才。可能有的能吸引来，有的就吸引不来，这是非常大的压力。我们内部有八个字，**“竞单上岗，按单聚散”**。目标不能变，通过竞单上岗，谁能完成目标谁就来。过去限于企业内部，现在所有权这些都可以提要求。“按单聚散”，这个目标完成了，没有问题，但下一个目标能不能行？不行，对不起，要散掉。这就和过去那一种“我为企业贡献我的一切，企业也要包容我的一切”完全不一样了。这一点，前两年社会上的质疑很大，内部也有压力；但是到现在为止，这种观念我觉得是结束了。我们现在有的组织，可能原来的人只剩下 10% 左右，其他的都散掉了。有一个人觉得这个行业很行，进来了，定了创业目标。为了完成整个目标，他把席梦思垫子扔到办公室里；网站平台上线前的 15 天里，吃住都在办公室，一下子就成了。但到了第二个指标时，他就不行了，那你就要离开。一开始我们的人觉得挺残酷的，但是没有办法。

再一个，价值观变成什么？改成什么？就是你一定要体现自身的价值，在为用户创造价值的同时体现你自身的价值，而不是过去那一种价值观。过去是“我非常有能力完成上级指令”，现在是“展示自身价值就要创造用户价值”。但是，创造用户价值是你自己到市场去寻求的。我们内部叫作什么？**“大家都应该是动态合伙人”**，每个人都从被雇用者、执行者变成创业者，变成合伙人，但是动态的。比方说，我刚才举的那个例子，他来了也跟投了，现在第二个阶段性指标更高，完不成那就要走掉。走掉的时候，把你原来的投资资金和之前的增值部分都要给他。

陈春花：海尔 6 万人都这样吗？还是只是管理层？

张瑞敏：我们分两大类：一类是“孵化小微”，彻底跟原来没有任何关系；还有一类叫“转型小微”。现在比较有冲击力的、做得比较有意思的就是孵化小微，转型小微还是比较麻烦（制度上的）。

陈春花：孵化小微占比多少？

张瑞敏：那个占比不大，因为制造部分的成本最多。制造部分的改变，先把串联的流程变成并联。这一个其实很难。比方简单说，研发和销售就要连起来。过去研发部管研发，研究出来的东西符合要求就行，销不出去是你的事儿，但现在销售出去的价值，大家来分享；如果没有价值，研发白搭。

陈春花：这个已经解决了？

张瑞敏：我形象地比喻成扭秧歌，不是走直线，走着走着又退回来了，退两步又进一步或者退一步进两步。**不是走直线，而是扭过来扭过去**。因为每个人从最大化自己的利益出发，如果觉得这个对他不合算就想办法给你扭曲。

陈春花：但是，你还得有一些前瞻性的研究，稍微往前一点点的研究怎么办？不可能所有的投入都可以直接产生当期效益。

张瑞敏：我们现在改了一个观念，**所有研发人员的定位，从原来的研发技术人员变成“技术接口人”**。研发部可能有100个人，100个人能研发多少项目？现在这100个人，是要看你能够接口到多少资源。比方说，有一些产品是比较基础性的、超前的，不可能在当期产生效益，那你们能不能在全世界范围内接进这些资源？事先谈好是股份问题，还是什么问题，只要他们有这个兴趣就可以。对技术接口人的考核就是：如果最好的资源都找不来，那就是你的问题。企业里有一个悖论，基础研究不搞不行，但有时候搞永远是无底洞，谁也看不到它的结果；他告诉你不可能一蹴而就，说今天搞就搞出来，得允许我失败，但可能永远也不知道什么时候可以搞出来。

对话三：管理变革如何在终端落地见效

海尔管理的自我颠覆式变革一直引人关注。在技术成为生命存在的第七种形式（凯文·凯利）理念下，海尔的产品服务令人高度期待毫不意外。其管理变革如何在产品端产生爆发力？

关键词：“共赢增值表”；“用户价值创造”

陈春花：从我的角度来讲，这个不一定对。我感觉，最近十年来，海尔在组织变革、组织创新方面力度非常大。但是，在技术、产品、商业模式部分，我很想听一听张首席是怎么想的。

张瑞敏：我们改革的目标针对所有的方面。我们内部有一个“二维点阵”：一个纵轴，一个横轴。纵轴衡量对用户体验的改变，包括组织的各方面；横轴就是企业价值。同时，我们又把财务报表改了。**传统损益表是“收入—费用—成本=利润”。我们现在用“共赢增值表”代替它，共同赢又能增值**。这个表分几项。其中很重要的一项就是“共同分享的用户价值”是多少。这和过去的表不一样。过去，我销出比如一万台产品就可以了，但现在销出一万台产品，还要看你得到的用户资源有多少，如果没有用户资源，那不行。

这可能颠覆掉什么？就是传统经济的规律——边际效益递减。但是，互联网可以做到边际效益递增。递增的前提是用户资源。或者再说直观一点，用户会不会产生可以给你付费的资源？有，肯定就会递增。这就和过去单纯的单向交易不一样了，所以，现在大家压力一大，有时候也会出事。有人觉得，你到底要我怎么干？销售产品多了，你还让我必须有用户，我怎么才有用户呢？有的说，那我能不能弄一点钱去买用户流量？这些都很正常。但是，买来的用户流量根本解决不了问题。所以我说，互联网的所有结点一定要有营养，而结点的营养一定是用户资源，但不等于买用户流量。

现在，包括国外的商学院也很感兴趣，但是我们还没有走到可操作的层面，当然别人也都在试验。说到家为什么试验这么难？其实就是博弈。像我刚才所说，按单聚散带来的最大进步就是现在大家开始适应了，好处是现在有一些曾经在市场自己创业比较成功的人，虽然之前和我们没有关系，但觉得海尔这个平台很有意思，很想过来展示一下。这种人最好用，因为他有创业精神，也不在乎钱。比如一来就让他投100万，就跟投100万；他希望的是将来的增值，即便出事了也不在乎，他就是要展示自己的价值。

对话四：驱动变革的愿景是什么，如何实现

从1992年到2012年，海尔明显是行业的引领者。如果说海尔立志再续辉煌，这种使命感如何传递到每一个人？

关键词：“三自”——自创业、自组织、自驱动；“竞单上岗，按单聚散”

陈春花：我们最近跟海尔产业金融交流多一些，觉得您打造的这个平台很好。他们做得很好，在相关领域非常强，海尔有基础平台。规模大、人员较多的企业的转型和变革，的确相对难度会大得多。我想了解一下，在您心目当中，变革达到比较好的一个状态是什么样子的？

张瑞敏：几个角度。**从企业这个角度，我希望企业不再是管控组织，而是一个创业平台。**这个创业平台应该是两部分：一部分是已经创业的团队能不能让它一定成功？比方说从 A 轮一直到 IPO；另一部分是没有创业的，能不能有一个机制使他们不断发现市场机会，发现市场难题，形成新的创业团队？从员工来讲，能不能变成所有员工只要在这儿，进入这个平台，都愿意成为创业者，而不是仅仅成为一个执行者。你知道，在大企业，过去大家都会挑一下“灯下黑”式岗位，没有人永远看见你，但你永远可以拿钱。

陈春花：没有具体的要求？

张瑞敏：对。

陈春花：我觉得这是从组织或者管理角度来看。如果从市场角度来看，您想要的状态是什么样的？

张瑞敏：我们的目标，现在还做不到，**希望可以成为引领者。引领，不仅仅是一个产品，而是在这个行业里引领。**特别是家电行业，如果不是引领，没有别的路走，就是价格战，没有第二条路。我跟大家也讲，20 世纪 80 年代，我们根本不和别人打价格战。那时候对我感触最深的是，到北京几大商场去看，人家门口贴条子说所有的冰箱降价，“海尔除外”，结果比别人价高百分之几十依然卖得很好。为什么？因为得到了用户的认可。如果做不到这一点，价格战就是死路一条，真是一个死亡循环。

陈春花：从引领的角度来讲，肯定要有一些布局和安排，这一部分您怎么想？

张瑞敏：我们原来整天要研究怎么搞怎么搞，现在一块块放到创业团队去。**我们叫作“三自”——自创业、自组织、自驱动。**“自创业”就是必须有引领目标，但前提就是必须有差异化的东西；“自组织”就是你按照这个目标“竞单上岗，按单聚散”；“自驱动”就是在目前情况下，至少先由风投代表用户驱动。应该是用户驱动，但用户驱动太笼统，所以我们叫作“资本和人力的社会化”。

陈春花：这里会不会也有另外一个问题涌现出来。每个人都是从自组织、自创业、自驱动的角度来看，他可能看不了，引领的那部分看不了那么明确或者没有很强的竞争力。这个您担心不担心？

张瑞敏：这个问题有两点。一个既是自己要创业，同时又在生态圈里面，两者利益要一致起来。另外一个就是，你提出引领的目标，过去是他一定到我这儿来，由我来认可，现在我不管你，随便提，问题是风投等社会资本会过来。现在很多项目到那儿根本通不过。这带来一个什么好处？风投一定不会像原来那么疯狂，一定会估值贬值，不会不投你，但原来可能估值10亿元，现在1亿元，干不干？不干就算了。

对话五：如何在“连接”技术上实现突破

“将来所有工厂可不可以既不通过线上销售，也不通过线下销售？”张瑞敏以自问自答的方式对自我发出挑战！他从互联网驱动技术——“连接”找到了突破，并对技术坚持自己的观点。

关键词：网器；连接用户；结点

陈春花：家电行业有一点特殊，技术在里面起作用很大，很多技术投入也非常多。这一部分我不知道海尔怎么想？

张瑞敏：家电特别是白电，整体在技术上非常颠覆性的，基本没有。大家都说自己的技术很高，但基本上都差不多，所以就是靠质量，或靠打价格战，或者看谁宣传很厉害。**我们希望能够走出一条路来，我们内部定**

的希望把电器变成网器。因为所有的产品就是三类件：第一类是物理件，第二类是智能件，第三类是连接件。连接件意味着产品一定可以人机对话、机机对话。如果能做到这一点，可能就有一些变化，就不是在那里做产品，而是做用户。我们有一些产品已经开始有这个意思了，比如冰箱，新款就可以有连接件，可以连接上，一连接上马上就有一些资源进来。冰箱里面放鸡蛋的地方能不能给他多一块儿，他可以付费。

连接上用户很重要。过去的产品从来只是在研究智能件上面下功夫，如微处理器、传感器，但连接件往往连得不多。**物联网发展了这么多年老发展不起来为什么？我认为就是因为老停留在智能件，老不想这个产品能和用户一直连接。我有时候在内部说，顾客和用户是两个概念：顾客一定是一个终点，用户一定是一个节点。**所谓终点是指一次性交易，顾客觉得好，于是拿钱买你的这个产品，“一手交钱，一手交货”就进入正轨；但用户是一个结点，要在产品（买卖完成）以后仍然可以不断跟企业联系。我如果有连接件连上他，给他带来很多好处，用户愿意连接，那就可以了，这就跟过去只卖产品不一样了。

陈春花：我也觉得，这个往下走好像大家都有点不确定。

张瑞敏：对。我们经历的价格战太多了，原因有几个。一是同行，一打价格战，你跟进不跟进？不跟进就不行。不跟进也行，你的产品人家要觉得很好。另外，销售渠道，过去大连锁很强势，现在差不多又是电商。**在大连锁强势时，我们采取的化解措施是在全国农村建三万个专卖店，一下子有我自己的销售渠道，我不需要完全依附你；现在又来了个电商，电商现在开始收费，越来越厉害。**

陈春花：我看去年海尔的线上销量还可以。

张瑞敏：对，但这不会给你创造多少利润。所以，将来所有工厂可不可以既不通过线上销售，也不通过线下销售？我们现在有，但量不大。**就是用户特殊需求来了之后，我把整个生态圈的设计制造各个环节发到你的**

手机上，这个可视化的体验就很好。

对话六：单向服务如何变成“互动”模式

当被问到海尔如何延续“服务”特色时，张瑞敏毫不犹疑地用了一个互联网词汇：交互。在他看来，小米也不是一个互联网企业，而只是利用了互联网手段。

关键词：交互；用户圈；引爆

陈春花：从外部角度来看，我们会觉得海尔在服务上面的能力非常强，也在这个方面做得非常好。如果往下看，家电的服务要素会变成什么样子？

张瑞敏：现在，**我们在内部的要求就是，怎么样把单向的服务变成一个可以交互的**。过去，我上门给你服务比较好，用户比较满意，能不能变成：从这（服务）里头知道用户体验的问题，使用户能够参与进来，而不是说他不好了打个电话你再去。现在，我们采取了很多措施，希望能够在这个方面有一点突破。否则，大家的目标是上门服务完之后让用户满意那就没有问题了，那其实只是售后服务。所以，现在要求这些数据采集完之后能够倒逼回来。第一个，原来保证**“两年保修期”，应该改一个字，变成“两年保证期”**。“保修期”是两年内出了问题免费处理，但“保证期”是保证两年内不会出问题。因为时代会不断变化，过去一打电话，马上上门，他很高兴，但是现在他不愿意你进门，比如刚刚精致装修完他不高兴让别人进来，尤其是媒体各种报道，存在各种风险等，所以用户希望产品最好不出问题；不出问题，我还能够交互最好。所以，现在并不是像过去考核你上门人家很满意就行，也许一开始你做不到和用户交互，但现在要倒逼回来。哪些产品可以做到六个月不出问题？哪些产品可以做到一年？**家电有一个特点，到用户家里，基本上六个月不出问题那就问题不太大**

了，出问题就在六个月之内。

陈春花：跟同行比较的话，两年的保证期算长还算短？

张瑞敏：现在，“两年保证期”，在家电行业，我了解到的，可能只有日本能够做到。

陈春花：从海尔的客户来讲，我们掌握的数据有多少了，或者说能够掌握到吗？

张瑞敏：现在倒过来说，顾客数据的话，大得不得了，但怎么把它转化？原来销售部门都有这些信息，维修部门更不用说，但怎么变成一个用户呢？**如果你真变成用户体验的话，在内部我说有三个关键字：“多、久、深”**。怎么样变成最多？最多并不是仅仅数量多，而是他愿意不停地往上上；再一个“久”，上来之后不走了，而不是说你买了用户流量，那顶什么用？再一个就是“深”，深就是可能深度合作。现在“深”，个别也有了，变得有一点像设计者。

陈春花：本身要建立一个沟通平台才行，不然怎么跟你互动？这个平台我们怎么建？

张瑞敏：举例来说，像我们的智慧烤箱，如果说对我烤箱提出改进意见，没有任何人感兴趣，但我现在变成一个用户圈——烤圈。用户都在这个圈内，特别是年轻用户，都在里面上传自己的烘烤方案，比如“我怎么用这个烤箱烤出法国小点心马卡龙”，我是什么方法；而别人烤得更好……预示就变成了这么一个圈。这个圈一下子对我们有帮助，马上就知道未来烤箱该怎么改，改之后又可以烤出什么来，这不是卖产品，就是卖方案。（用户资源）一下子就上来了，现在量不够大，如果足够大的话，这些用户资源对我们来说是很宝贵的财富。

陈春花：这种活动，互联网企业会投放很多的资源来做。我们有时候看，小米（跟用户）聊天，比如 7000 人当中有 5000 人是干这个活的，天天跟顾客互动。我们有多大力量做这个事情？

张瑞敏：**小米做得不错，但它更像一种营销，而我们希望变成一种用户的自组织，用户自己上来交互，最后有用户变成意见领袖**。否则的话，这么多产品得多少人来做？所以，国外有一个说法，我觉得和你刚才说得差不多，这样的企业严格意义上说不是互联网企业，只是利用了互联网技术，没有真正成为一个大的组织。有的时候，往往变成大组织后又变成科层制。

陈春花：现在，用户这个概念，应该说挑战挺大的。如果他是你的顾客，相对而言，他的选择很明确，他付钱给你呢！而用户很多时候还没有付钱给你。我有时候跟我的同事也聊"要用户，还是顾客"？但是，首先得有用户，没有用户的话，可能顾客都会失去。因为到顾客那一端的时候，他已经真正付费给你；但他作为你的用户时，跟你不断互动时，可能还不选择，还没有支付出来，这个用户你怎么得到他们？这是今天拥有产品的企业来讲挑战比较大的。您刚才说的做法很有启发。

张瑞敏：你提的问题，**主要取决于能不能引爆，不能引爆就很麻烦**。为什么？现在，信息是海量的，自己觉得不错，很多人跟你交互也行。但是，范围很小不行。所以，**一旦引爆起来，就完全引爆，发生质的改变**。我们现在想的是怎么才能够让它引爆起来，有的时候很难。当然，引爆最核心的一个问题，基础条件或者一个必要条件就是社群，我们内部叫"用户圈"。如果引爆的话，看用户圈能不能是病毒式的就可以了。有的时候就想，难就难在它有这么多信息。这就是为什么交互一定可以起到这么大的作用。

陈春花：是。因为交互模式在行为上的影响很大，而行为又是一个很多元的事情，所以我们现在也都理解比如社群、社区、共生共享这些概念，其实大家现在都讲得很多了，但要变成一个能引爆的模式，其实成功的例子并不多。这确实是很大的挑战。

张瑞敏：而且，有一些互联网的应用，引爆起来很快就没有了，很快就消失了，叫作"快衰"，衰亡得很快。

陈春花：生命周期很短。

张瑞敏：我们内部形容这种现象就是“放了礼花”，绚烂一下很快就没有了。

对话七：产品逻辑 VS 用户逻辑

企业一定有边界，因为用户思维一定是没有边界的。激活个体的组织变革下，海尔如何真正打开边界，从而创造产品和服务奇迹？

关键词：小微创业；三位数增长

陈春花：引爆后昙花一现，对于产品公司来讲，不可以这样。所有产品一旦切入生产程序就必须有持续性，做服务可以这单做完下单不做，但基于产品的公司很难这样做，(至少）现在很难。产品出来，进入生产程序，就需要可持续性，其实这是一个更大的挑战。这个交互模式，**对传统企业来讲，挑战非常大，有时候我们会习惯用产品思维跟人家沟通。这可能是另外的挑战——不会基于用户思维沟通。**

张瑞敏：产品的思维就是你一开始所说的，企业一定有边界，因为用户思维一定是没有边界的。这就像科斯提出来的“企业的边界”。

陈春花：是的。最近有出版社重出杰克㉃韦尔奇在 GE 的实践方面的图书，“无边界企业”最近要重出。他们邀我写序。其实，GE 讲“无边界管理”的时间非常早，现在重出它，我觉得在今天来看还是很有意义的。**从大型组织把组织边界打开来看，海尔做得还是很顺利的，但还是有边界**。我们会发现，边界真的很难打掉。把基于产品的逻辑转换成交互模式，真的是挺难的。

张瑞敏：我们现在仍然在探索。**产品逻辑变成用户逻辑取决于什么？其实就取决于考核的导向**。考核导向，原来的产品逻辑很简单，销售了多少，从多少到多少。这个很好算。变成用户导向，要看你创造了多少用户。你会看到，业绩下降得非常厉害。所以，怎么样尽量地少下滑，在尽量少下滑的前提下把它转了，这个其实很难。有的时候真的很头疼，一看下滑不能不走回头路，一走回头路完了，彻底没戏了。

陈春花：是的。所以，这种变革最好在时光比较好的时候。比如市场一直在涨、外部也在涨的时候，调理会比较好，现在外部也在降，再调的压力很大。这个问题，张首席是怎么看待的呢？

张瑞敏：没有办法，反正前些年我们一直在做。差不多有十年，利润每年没有低于 20% 的增长，这带来的好处是：不管外部怎么样质疑，利润还比较好。但是，今年正好碰到市场不太好，我们内部改革力度又加大，指标就显得不那么好看，但我们不在意外面怎么说。现在等于倒过来，给我们内部人应该是更大的驱动力。把它怎么样变成驱动力？现在下降，不要埋怨外面的市场。重要的是，**我们内部定了一个小微创业团队如果要成为"样板"，一个条件就是必须有三位数的增长**。三位数的增长就非常大了，但它的量很小，团队不多。如果去年有的看同比三位数增长，如果去年很小或者基本没有，那就是每个月环比。但是因为这个还没有铺开，所以这些数被那些转型不好的又拉下去、"吃"掉了，所以总数并不是太好。可是我们会给大家一种希望，你不要说外面怎么样、他们怎么样，那几个团队为什么上去了？所以，用这种办法来解决一些问题，否则一种沉闷空气，你不行、我不行、大家不行都正常，那就麻烦了。

对话八：有没有可以追踪的变革主线

如何处理阶段性的转型与持续性的变革主题？张瑞敏用了大道至简的思维方式。"一个人往什么方向驱动？主要就是薪酬。"海尔用了"断奶"手段，对小微创业一逼到底，重力迅速下压。

关键词：平台主；“断奶”

陈春花：企业的转型和变革是一个持续的话题。人家问我的时候，我说肯定是持续的，但有阶段性的安排。对您来说，阶段性的时间怎么做安排？用什么来衡量呢？比如我到了这个阶段，基本上达到一个目标了。

张瑞敏：这个要说的话，也是简单来说，**基本上就是以薪酬为一条主线**。我始终觉得这个最关键。**一个人到底往什么方向驱动？主要就是薪酬**。所以，在海尔，先是怎么样做“人单合一”：你必须知道你的用户价值，为你的用户创造价值。一旦“人单合一”之后，很多的中间层就要去掉。这在当时引起很大的震动。现在差不多我们内部就“断奶”，不再给你发工资，你自己发工资。现在有的创业小微可能没有创出来。那么，他的平台主只有两条出路：要么解散，解散的话损失算你平台主的；要么你给他发工资。所以，我们最多的案例是，平台主自己从家里拿 20 万来给小微发薪，但那些人要向他写借条借钱。曾经有一段时间，出现这种情况下他是借企业的钱，他知道借企业的钱，其实就是白借。现在不借，企业不借那你就借平台主的。平台主自己从家里拿 20 万借给他，有的拿得少，10 万或者 8 万。但是，你知道不可能月月借，人家个人的钱必须还给人家。所以，一般来讲，第二个月他要做上去，才有可能把借的钱还上。这就不一样了。我刚才说得很简单，但比如“断奶”可能就要做一年两年。刚才你提的问题，基本是以薪酬作为主线，带动组织各方面的改变。

陈春花：这种变化当中，他们的薪酬按照平均来讲是变得更好吗？

张首席：**变得更不平均了。本来他是本部长、事业部长，现在不是，就是平台主。**原来比方说你在事业部长这一级，大家差不多，有的奖金高一些，有的低一些，但现在一下子有人将来可能很高，有的可能就很低。这就完全解决了过去那种攀比的问题。我和你在一个层级上，为什么你要多拿一些？什么道理？现在都公开在那儿，有的甚至不行就要离开了。所以，或者换句话说，基本变成个人为个人服务。

陈春花：那怎么统合这家公司？

张瑞敏：所有个人为个人奋斗，获得的都是给公司创造最大的机会。我们这儿有四个字叫作“超利分享”。比如，这个产品利润率是8%，那就定死了，在8%之上的都分享。

陈春花：这套东西实行到现在效果怎么样？

张瑞敏：做到前面、比较好的有一小部分，中间一部分还有很多地方难以突破，下面部分还在那里想能不能走旁门左道——我自己上不去，能不能想一想办法？**我们现在要做的是怎么把上面这一部分扩大；如果扩大到20%都是三位数增长，那完全是不一样的。**

对话九：家电产品如何实现“交互”

海尔有“外部用户圈”与“内部生态圈”之说，二者如何进行交互？创新产品如何脱颖而出？以引领行业方向为己任的海尔，又如何引领不同消费群新的消费方式？

关键词：*解决方案*

陈春花：从我的角度来看，我同意这个设计和设想。在家电这个行业中，其实用户圈这一块挺复杂，因为中国人的购买能力差异很大。有一堆我们称为所谓“土豪级”的，他们买家电可能是一种心态，年轻人是一个心态，小资是一个心态，读书人一个心态，乡下是一个心态。所以，我觉得家电领域的用户圈比其他行业要复杂。因为首先**它本身是一个生活日常用品，会涉及所有人（有一些不涉及日常所有人的用户圈很明确）。这么复杂的用户圈，你想让这个圈能够被聚集起来，比如聚集在“海尔”这个概念下**，我觉得这对我们团队的挑战其实是非常大的。这个地方，不知道您怎么想？

张瑞敏：很难解决。白电和手机最大的不同：第一，手机可以三个月、半年换一次，最多可能一年换一次，可以经常更换，但一台白电买在家里不坏可能就不会动它，起码 10 年，最长 20 年。“两年保证期”让它不坏，人家不换。第二，手机拿在手里面可以不断交互，随时提意见，但白电这么长时间不坏就不和你交互，因为没有什么意见，挺好，所以等于你要创造出一种交互来。难题就在这个地方。所以，现在要做的，就像刚才说的智慧烤箱一样，表面看脱离了产品，变成了用户圈。不像手机产品，用户会经常说手机怎么样怎么样，但没有人天天说冰箱怎么样怎么样。

陈春花：因为手机本身就是一个交互平台。

张瑞敏：对。白电很难交互起来，所以得想办法创造出交互来。

陈春花：所以，我觉得把这个用户圈建了，再跟内部的生态圈做组合。这个挑战太大。

张瑞敏：现在，风投对“社区洗”比较感兴趣。我们洗衣机有多少交互的？怎么也不行。现在，我们搞了一个面向大学生的社区洗，现在已进到很多所大学。一开始大家都来给大学生提供洗衣服务，我们提供的比他们更方便，大学生就上这儿洗衣。之后只是收洗衣费。再往下，我们甚至要做大学生创业平台，这一下子大学生来情绪了。这就完全不一样了。这是一种用户体验，要另外创造。如果仍然停留于这个产品怎么样，再围绕着产品来做服务……

陈春花：(那就）没有机会了。

张瑞敏：德鲁克有一个比喻非常形象，用户不是买一个十毫米的钻头，而是买一个十毫米的孔。

对话十：海尔如何直面外界质疑与反馈

海尔的管理语汇充满了互联网特色，海尔的变革具有自我颠覆性与自我破坏性，但是为什么提起海尔创新，大家的心理认知会有落差？这中间缺了什么？直面海尔掌舵人，陈春花教授直言相问。张首席如何应答？请关注陈春花老师的最后综述。

关键词：创意精英；自我驱动；2.0时代的互联网+

陈春花：我们再从顾客端来聊。因为我确实特别关心海尔。《领先之道》那本书里面大概有2/3是写1992～2002年，后1/3写了2002～2012年，2002～2012年我写海尔部分时，比较多的还是谈您在激活组织和转型部分做的工作。在1992～2012年时，海尔在这个行业是很明显的引领者。两个角度写得不太一样。但是，我自己给自己的要求是再看一个十年，也就是2012～2022年。**我觉得用30年看一个企业才能真正看懂这个企业**。用很短的时间来看，其实很难看懂这个企业。所以，我现在也很有耐心地等待着这个十年。

在2002～2012年这个过程当中，我直白地讲几点我的感受，不一定对。我觉得从顾客端角度或者我们普通人的角度来看，海尔变化最大之处在组织变革，但在产品上面的变化感受就没有那么明显。这是我自己比较紧张的地方。因为产品端的感受其实是顾客对一家企业价值评估最重要的一块。而且，从我们对企业的角度来看、来讲，我先不管互联网企业怎么谈，但觉得**产品本身是最核心的价值要素。企业的文化、理念都会落在产品上面，被顾客感知**。海尔在这个地方，我自己的感受来讲弱一些，没有像对海尔文化、组织变革的感受那么强烈。

第二个感受，海尔整个形象和整体上的感觉，比较多的还是比较固化的、之前的感觉。我们讲“海尔”，一定会想到整个海尔的文化，想到您，想到海尔原有的状态，就是用一些新要素、新感受来看海尔，感觉也没有那么特别明显。从我做研究的角度来讲，**产品或者企业有一个重要的部分，就是要跟新兴消费者对话**。这比较重要，因为对话新的消费群是一个成长方式。

第三，因为海尔的产品是消费品或者日常生活用品，所以在工业设计的感知上，从质感、体验上来讲也没有我期待的那样突出，没有那么明显。我自己比较多的看看西门子，看看博世，看看三星。我之前几年常常看德国的工业大展，我自己会去看，也去做一些交流。我觉得这个部分，不但是海尔的问题，整个中国家电都有这个问题。假设把自己列为全球行业中要引领的一家公司，突出性也不是特别明显。

我这三点感受还是挺深的。我自己也曾经想说，如果海尔能够坚持下来这十年，一直保持稳健的增长，我还希望它在产品上，在企业给顾客的感知内涵上，以及我们跟顾客基于工业设计的界面沟通上，都有一些新的元素。我会因此觉得更欣喜，因为我一直把海尔摆在第一位的企业上来看。这些地方在我做第二个 10 年研究时觉得弱。这是我自己的角度，当然不一定是对的。我很想了解一下您在这几个方面是怎么想的？

张瑞敏：从外界来，可能是有这种印象，或者对海尔的期待应该很高，但没有达到你所期待的，比如一定变成全世界最好的怎么样怎么样。**对于我们来讲，原来开发产品的路子必须要改**。给我印象、刺激最深的就是三洋。我们把三洋的白电收购了，收购之后我要探讨一个问题：三洋曾经在 80 年代以收录机这些产品风靡全世界，它的开发力量很强。我提了一个很简单的问题：它产品开发不算差，但在市场上卖得不好，为什么开发人员、所有人都没有责任？他说我们有一个“开发计划书”。计划书非常复杂，包括市场调研等，定了之后，完全照着开发书来开发，甚至比开发书的要求要高。做得好，那么销售时销售不好怎么能够找到我呢？当时我们的工业设计是对标日本的，当时我觉得如果还是按照这种思路，会带来问题：**研发人员从来不管市场。最好的一个例子就是索尼，索尼的研发原来是全世界最好的，但现在也不行**。所以，不管怎么样，全部打散就是要变成开放式的。为什么把研发人员变成接口人？就是要接口全世界更好的资源。我给他们举的一个例子就是，看看维基百科是如何迅速代替《大英百科全书》的。

另外，在工业设计方面，原来是我们设计好让别人来做，现在改过来：我有一个总体设计方案，其中模块由参与进来的模块商来设计。这就改变了过去选供应商的方式，以前是谁的价格低用谁的，现在改成了谁能够创造更好的价值，就用谁的。这个模块整个就由你设计。这也发生了一些纠纷，我们的人一开始不适应，要求必须把专利给我，人家肯定不干；我说何必要专利？我要成果，要他的专利干什么？专利就是他自己的。他说，专利是他自己的，那一看卖得很好就供给别人了。我说那是你的问题，如果那样的话是你迭代太慢。如果你迭代很快，他供给别人时已经过时了，怕什么?! 所以，当时有很多问题要解决。不管怎么样，**我觉得你说的两个问题是相辅相成的，如果改革成功后真正能达到20%，那在市场上就会显现出来。**

陈春花：我还是很期待的。我也是基于研究，会很细心地来看这五家企业。在我自己这10年跟踪过程中，确实感觉到，这个部分相对其他部分的转型和变革来讲，是弱的，其他的会被凸显出来。我有时候也开玩笑说，张首席也可以换换话题，以后多往那边讲。**您是海尔最重要的标志性人物，您怎么讲，大家就怎么看海尔**。内部所有的调整是非常重要，但沟通层面的关注度也很重要。

张瑞敏：对。但不管怎么样，最后落脚还是要落到这上面，这是肯定的。因为组织本身不是目的，组织的成果才是目的。

陈春花：海尔6万人这么大的组织中，中层激活，也调了很多很大一批人，现在大家都在做平台主。在这些人的激活过程当中，你觉得特别困难的是什么，或者现在是不是大家都真正动起来了？

张瑞敏：站在我们的角度，特别困难的就是，这个人可能有问题，很可能做不起来，但是你现在马上让他走掉，那这个地方就空着。这是很头痛的一件事情。为什么说现在我们就希望做好平台，非常有吸引力，人家都愿意进来，因为这样，有问题的这个人就会感受到压力，不行的话，会有人要替代他。这一步现在还做不到，做不到就两难。说到家，其实是还没有变成开放体系。过去老是封闭的，以我为中心。

陈春花：有的时候发现明显知道要调整，但确实没有人可以上去。除了开放，对人、对团队建设这块儿您是怎么想的？

张瑞敏：刚才一开始说希望做自组织体系，**现在已经不像过去还要发文什么的。现在这些自组织的头是“官兵互选”，自己选，没有任命。**干企业这么多年，我就知道一条，员工的智慧不得了。所以《庄子》里说的那句话很有道理，“虽有至知，万人谋之”。不要说一万个人，一百个人也对付不了。

陈春花：最近有一本书挺热，我做研究的时候也看这本书，谷歌的施密特新出的一本书《重新定义公司》。这本书里面把类似您说的 20% 的人叫作“创意精英”。作者认为，**德鲁克提出来的“知识员工”，已经不能概括今天员工的特点了，今天的员工的最大特点是“创意精英”，**就是你所要的、像平台主这样的，能够自组织、自激励、自驱动。谷歌提出来，必须要重新定义公司，公司的定义完全变了。

像您刚才说的，的的确确，如果用我们讲管理的概念去面对，确实会发现里面会有博弈。这个博弈可能就是您说的有各种各样的员工制度，有各种各样的利益诉求，同时又有各种各样的一些技能来完成他们自己的利益诉求，的确是这样。**怎么让他们变成类似创意精英这样？自己能够主动做而且符合整个公司的共同发展目标？这可能对我们今天所有做管理的人都是一个很大的挑战。**谷歌不同的地方在于，这个企业跟我们不太一样的地方就是它的整个资本的力量和利润空间大，能够投放资源，（压力）实际并不大。而我们制造企业这块，本身盈利空间很小，在这个很小的空间再去做这么大的组织变革，投入的资源也不太够，这可能是谷歌跟我们相对不同的地方。但这也反过来挑战了另外一件事情：**如果要让组织真的动起来，也许确实是一个不断调整的过程。**我刚才跟文化中心的聊，海尔文化中心确实做得好。

现在找到合适的人、对的人好像也不容易，这个话题我不知道您怎么想？什么样的人找出来让他能够接起来？内部除了竞赛机制、竞争机制、考核机制之外，在起点那个人怎么来？如果他有能力，给平台，给竞争机制，他可能会跑出来。现在平台给了，机制也给了，考核也都有了，但他就是跑不出来。这个事情，我也想请教张首席。

张瑞敏：这个问题，我们也很难。一般思路就是这样，不管怎么样，先有人，在这个范围内，最好的人上来，上来之后可以再更换。这都是很难做的。

陈春花：现在新员工这块怎么安排的？

张瑞敏：我们现在改了。我们原来连续几年，一年要进 3000 名大学生，现在基本上不直接招进，改成在他大四的时候给他创造一些创业机会。如果你愿意，那两百个人做，最后谁合适谁就来。

现在与过去不同，平时更换人很多。过去平时不流动，所以要进来就是“选育用留”这一套，现在平时已经更换了很多。我不是招新大学生来培养，所以大学生必须要进到整个创业平台。此外，我们还跟全国高校组成联盟，在里面也可能会发现创业的东西。

陈春花：你们现在的趋势是全部是创业者？

张瑞敏：我们希望朝这个方向走。

陈春花：这是很大的挑战。

张瑞敏：对，不光是很大的挑战，还具有很大不确定性。因为有的是人性的东西，我就不愿意这样，有人就希望一个安定的工作。有的人原来之所以到海尔来，就是觉得到这里至少安定，这个企业在可预见的未来不一定马上倒掉；再一个进来以后安逸。大企业就是这样，这种情绪一旦蔓延之后，就没有活力。

陈春花：基于两个原因，一个是互联网，一边其实是消费端的调整，这个调整是一个全新的模式，集聚效应会非常高，但并没有碰后面这一端，比如产品端、整个供应链端。另外一端，信息全透明，完整互动，这一端实际是在之前几十年都稀缺的。我们所谓产品端，企业都没有做的时候它先做，所以它上升速度非常快。

我之前也说过我的观点，我称之为“1.0 时代”，基于渠道、基于消费。到 2.0 时代必须碰产业，必须到产品端。到产品端的时候，一定要跟产品企业去做一个组合。我认为，基于产品、基于产业的企业的机会会更大。基于产品、产业机会更大的时候怎么跟互联网做对接？就像您刚才说的，连接互动。连接件怎么做是比较大的挑战。我知道 IBM 也一直在做，也一直想做连接件，他们花了很长时间。一个企业转成一个平台，IBM 前面转得很快，现在它的基本判断、逻辑跟您很一致，也认为由智能会转向互联，互联当中主要是连接件，也是这样的判断。**在做连接件的过程当中，IBM 这几年做了四个平台，有计算机平台、数据平台、商业模式平台、生态平台，**战略上面有四个很大的调整。因为最近两年多 IBM 是下滑的，其实他们自己也很紧张，**从方向上来讲认为判断是对的，但实际经营结果这几年都在下滑。**这里边实际上是互联网跟产业做组合，类似 IBM 的判断，连接件变得很重要的时候，还是一个很大的挑战，也就是这个属性怎么融合？产品属性与消费属性的融合是比较困难的事情。一旦组合不了，整个业绩就会受影响，现在就遇到挑战了，三星也遇到同样的挑战。这两家企业在最近两年都在往下走。**我并不担心，因为这两个企业都有很强的反弹能力，但是下滑我们要理解为什么。**了解它之后，从学习和理解的角度来讲，知道里面出现了什么问题就可以稍微少走一点点弯路。

这也是现在我称之为“2.0 时代的互联网 +”或者“互联网跟产业组合”时要解决的问题。我们叫作实体企业要解决问题，不是互联网企业走过去，因为那一端它们已经把握得很好，把消费端把握得非常好，现在就是我们这一端怎么走过去的问题。其实这个挑战非常大，我们这一端走不过去，它那一端走不下去，因为**不能凭空做互动，不能凭空做交流，不能企业永远都是有用户没有顾客，顾客最终要落到实际价值上**。怎么走过去，对我们实体企业的挑战最大，走不过去互联网泡沫就出来了。**泡沫真正崩应该崩在这个地方**。估值是一部分，还有一部分是两者组合，是不是真的能够产生我们讲的购买和支付？如果能，真正的商业价值可以出来，出不来可能会崩掉。这是比较难的事情。

期待海尔能“走过去”。

参 考 文 献

[1] 维克托·迈尔-舍恩伯格，肯尼斯·库克耶.大数据时代[M].盛杨燕，周涛，译.杭州：浙江人民出版社，2013.

[2] 埃德蒙·菲尔普斯.大繁荣[M].余江，译.北京：中信出版社，2013.

[3] 陈春花，等.组织行为学[M].2版.北京：机械工业出版社，2013.

[4] 彼得·德鲁克.巨变时代的管理[M].朱雁斌，译.北京：机械工业出版社，2006.

[5] 任正非.一江春水向东流[EB/OL].2013-12-26. http://finance.ifeng.com/business/special/fhsd46/.

[6] 田涛，吴春波.下一个倒下的会不会是华为[M].北京：中信出版社，2012.

[7] 乔根·兰德斯.2052：未来四十年的中国与世界[M].秦雪征，等译.上海：译林出版社，2013.

[8] 安娜贝拉·加威尔，迈克尔·库苏麦诺.平台领导[M].袁申国，等译.广州：广东经济出版社，2007.

[9] 凯文·凯利.技术元素[M].张行舟，等译.北京：电子工业出版社，2012.

[10] 黎万强.参与感[M].北京：中信出版社，2014.

[11] 黄铁鹰.褚橙你也学不会[M].北京：机械工业出版社，2015.

[12] 彼得·德鲁克.管理未来[M].詹文明，译.北京：机械工业出版社，2009.

[13] 陈春花.经营的本质[M].北京：机械工业出版社，2013.

[14] 陈晋.曼昆的经济学第一课[EB/OL]. 2007-11-10. http://www.caijing.com.cn/2007-11-10/100032656.html.

[15] 德内拉·梅多斯，乔根·兰德斯，丹尼斯·梅多斯.增长的极限[M].李涛，王智勇，译.北京：机械工业出版社，2013.

[16] 刘俏.如何选择中国经济的未来？[EB/OL].2014-12-01. http://www.ftchinese.com/story/001059271.

[17] 张春江.从“协同”信号看识局与破局[EB/OL].2006-08-01. http://www.cmmo.cn/b/87066/33429.html.

[18] Marco Iansiti.“生态圈”引发商业成功[EB/OL].2005-09-18. http://www.chinavalue.net/announce/ccidentnews.htm.

[19] 张春江.谁是我们的盟友——生物学“共生”原理启示[EB/OL].2006-09-01. http://www.cmmo.cn/b/87066/33431.html.

[20] 陈世清.金融的逻辑[M].北京：国际文化出版公司，2009.

[21] 阿尔文·托夫勒.第三次浪潮[M].黄明坚，译.北京：中信出版社，2006.

[22] 大前研一.专业主义[M].裴立杰，译.北京：机械工业出版社，2006.

[23] 先燕云，张赋宇.褚时健：影响企业家的企业家[M].长沙：湖南文艺出版社，2014.

[24] 高宇飞.《青年中国说》央视首播，撒贝宁笑称要为90后打工[EB/OL].2014-11-23. http://culture.people.com.cn/n/2014/1123/c1013-26075549.html.

[25] 戴维·帕卡德.惠普之道[M].贾宗谊，译.北京：新华出版社，1995.

[26] 小阿尔弗雷德·钱德勒.管理的历史与现状[M].郭斌，译.大连：东北财经大学出版社，2007.

[27] 切斯特·巴纳德.经理人员的职能[M].王永贵，译.北京：机械工业出版社，2007.

[28] 明茨伯格.管理进行时[M].何峻，吴进操，译.北京：机械工业出版社，2010.

[29] IPC.ME.疯狂的架构：国内六大著名科技公司组织结构图一览[EB/OL].2011-08-01. http://www.ipc.me/it-company-architectures.html.

[30] 李晏墅，李晋.员工幸福的快乐管理探索[J].经济管理，2007，29（8）：4-8.

[31] William James. Varieties of Religious Experience[M]. New York：Mentor，1902.

[32] 格雷琴·施普赖策，克里斯蒂娜·波拉特.越幸福越高效[J].哈佛商业评论，2012（2）：51-59.

[33] Jacquelyn Smith.哪些企业为提升员工幸福感最尽心尽力？[EB-OL].2011-08-30. http://www.forbeschina.com/review/201108/0011718.shtml.

[34] 张兴贵，罗中正，严标兵.个人－环境（组织）匹配视角的员工幸福感[J].心理科学进展，2012，20（6）：935-943.

[35] 霍华德·舒尔茨.将心注入[M].文敏，译.杭州：浙江人民出版社，2006.

[36] 玛丽·福列特.福列特论管理[M].吴晓波，译.北京：机械工业出版社，2007.

[37] 陈春花.我读管理经典[M].北京：机械工业出版社，2015.

[38] 拉姆·查兰.求胜于未知[M].杨懿梅，译.北京：机械工业出版社，2015.

[39] 稻盛和夫.领导者的资质[M].曹岫云，译.北京：机械工业出版社，2014.

[40] 陈姝.华为全球员工数超15万[EB/OL].2013-05-30. http://szsb.sznews.com/html/2013-05/30/content_2498060.htm.

[41] 陈春花.走向"水样组织"[J].清华管理评论，2014（3）：28-32.

拉姆·查兰管理经典

书号	书名	定价
47778	引领转型	49.00
48815	开启转型	49.00
50546	求胜于未知	45.00
52444	客户说：如何真正为客户创造价值	39.00
54367	持续增长:企业持续盈利的10大法宝	45.00
54398	CEO说：人人都应该像企业家一样思考（精装版）	39.00
54400	人才管理大师：卓越领导者先培养人再考虑业绩（精装版）	49.00
54402	卓有成效的领导者：8项核心技能帮你从优秀到卓越（精装版）	49.00
54433	领导梯队：全面打造领导力驱动型公司（原书第2版）（珍藏版）	49.00
54435	高管路径：卓越领导者的成长模式（精装版）	39.00
54495	执行：如何完成任务的学问（珍藏版）	49.00
54506	游戏颠覆者：如何用创新驱动收入和利润增长（精装版）	49.00

推荐阅读

关于中国企业成长的学问

企业如何为顾客创造价值，实现可持续的增长。好的企业不是规模有多大，能挣多少钱，而是能不能可继续增长，能不能贡献顾客价值。

核心关键词：价值、增长、成长，对顾客来说是价值，对企业来说是增长，对企业成员、企业家和合作伙伴来说是成长。

书名	ISBN	定价
从理念到行为习惯：企业文化管理（珍藏版）	978-7-111-54713-6	49.00
我读管理经典（珍藏版）	978-7-111-54659-7	45.00
激活个体：互联时代的组织管理新范式（珍藏版）	978-7-111-54570-5	49.00
中国领先企业管理思想研究（珍藏版）	978-7-111-54567-5	59.00
企业文化塑造	978-7-111-54800-3	45.00
冬天的作为：企业如何逆境增长（修订版）	978-7-111-54765-5	45.00
成为价值型企业	978-7-111-54777-8	45.00
回归营销基本层面	978-7-111-54837-9	45.00
领先之道（修订版）	978-7-111-54919-2	59.00
争夺价值链	978-7-111-54936-9	59.00
经营的本质（修订版）	978-7-111-54935-2	59.00
管理的常识：让管理发挥绩效的8个基本概念（修订版）	978-7-111-54878-2	45.00
高成长企业组织与文化创新	978-7-111-54871-3	49.00
中国管理问题10大解析	978-7-111-54838-6	49.00
超越竞争：微利时代的经营模式（修订版）	978-7-111-54892-8	45.00
经济发展与价值选择	978-7-111-54890-4	45.00

春暖花开系列

书名	ISBN	定价
让心淡然（珍藏版）	978-7-111-54744-0	59.00
在苍茫中点灯（珍藏版）	978-7-111-54712-9	39.00
手比头高（珍藏版）	978-7-111-54697-9	39.00
让心安住（珍藏版）	978-7-111-54672-6	49.00
高效能青年人的七项修炼	978-7-111-54566-8	39.00
大学的意义	978-7-111-54020-5	39.00
掬水月在手	978-7-111-54760-0	39.00
波尔多之夏	978-7-111-55699-2	49.00